JN409894

할아버지가 들려주는 마지막 이야기 1

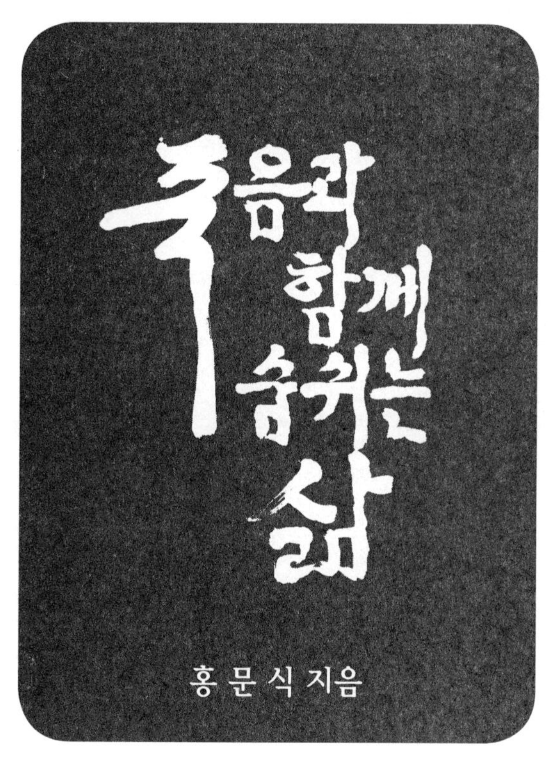

성원

머 리 말

우리는 때때로 '죽으면 어떻게 될까?' 궁금해 하는데 죽음 이후의 삶도 우리가 지금 사는 모습과 다를 바 없다고 합니다. 그러니까 살아 있는 바로 지금 우리가 변하지 않으면 죽음의 순간에 그리고 죽음 이후에 바뀌는 것은 하나도 없는 것입니다.

「천 가지 계획과 만 가지 생각이
불타는 화로 위의 한 점 눈(雪)이로다.
논갈이 소가 물위로 걸어가니
대지와 허공이 갈라지는구나.

삶이란 한 조각구름이 일어남이오.
죽음이란 한 조각구름이 스러짐이다.
구름은 본시 실체가 없는 것
죽고 살고 오고 감이 모두 그와 같도다.」

위의 시는 묘향산 원적암에서 칩거하며 많은 제자를 가르치시던 서산대사께서 85세의 나이로 운명하기 직전 읊으신 시의 끝부분입니다. 대사님은 이 시를 읊으시고 나시어 많은 제자들이 지켜보는 앞에서 가부좌를 하고 앉아 잠든 듯 입적 하셨다고 합니다.

달라이 라마는 우리가 죽음을 다루는 방식에 두 가지가 있다고 했습니다. “죽음을 무시하거나 아니면 죽음과 정면으로 맞서 죽음에 대해 생각함으로써 죽음이 야기할 수 있는 고통을 최소화하는 것이다. 능숙한 수행자는 자신이 죽는 순간을 커다란 영적인 깨달음을 얻기 위한 방편으로도 활용한다. 이런 까닭에 수행자는 자신이 죽어가고 있는 시점에 임해서도 명상 수행에 몰입한다.”라고 하였습니다.

로고스가 영원한 존재에서 시간에 속박된 존재로 옮아간 것은 로고스가 취한 육체적 형상을 갖고 있는 존재들로 하여금 시간적인 존재에서 영원한 존재로 옮겨가게 하기 위한 목적일 것입니다. 그러므로 우리가 죽은 다음의 내 영혼을 천상의 빛으로 들어갈 수 있도록 함에 있어 육신은 필요 없다 다만 탄생이라는 세속의 인간 삶을 통해 얻어진 육신은 내 영혼을 담아 있는 그릇이기에 매우 중요한 것입니다. 그러므로 육신의 고통을 통해 삶을 정화하고 그 그릇을 깨끗이 씻을 수 있는 수행이 요구되는 것입니다. 그래서 혜능은 ‘육조단경’에서 “깨닫지 못하면 붓다가 곧 중생이요. 한순간 깨달으면 중생이 곧 붓다이다.”라고 말하였습니다. 그만큼 우리의 영혼을 성숙시키는 일이 중요하다고 말 할 수 있습니다.

누구나 한번은 겪게 되는 죽음. 죽음에 열린 마음으로 다가가는 방법을 안다면 우리는 우리의 삶을 더욱 풍요롭고 여유 있는 삶을 살아갈 수 있을 것입니다.

우리가 막상 가보지 않은 길을 간다는 것은 걱정스럽고 한편 두렵기도 합니다. 죽음을 성찰하는 것은 염세적인 마음에서가 아니라 ‘어떻게 죽을 것인가’를 생각하다 보면 ‘어떻게 살아야 할 것인가’

를 깨닫게 되기 때문입니다.

오늘도 우리의 주변에서는 여러 가지 방법으로 죽어가는 사람들을 바라보고 있습니다. 뉴스마다 사건 사고로 그리고 천재지변으로 세계의 곳곳에서 소중한 생명들이 목숨을 잃고 있는 소식을 접하게 됩니다. 그럴 때 마다 우리는 안타까운 마음을 표하곤 합니다. 그러나 막상 나도 죽는다는 사실에는 까맣게 잊고 살아갑니다. 아니 생각조차 하지 않는 경우가 많습니다.

몇 년 전 죽음 직전 까지 갔다가 살아 돌아온 일이 있은 후부터 내 옆에 늘 죽음이 있다는 것을 깨달았습니다. 한 달여 입원해 있으면서 또 중환자실을 오가면서 수술을 마치고 다시 일반병실로 옮겨오기 까지 순간순간이 모두 삶과 죽음을 오가는 시간들이었기에 내 삶을 돌아보는 시간이 되었던 것 같습니다. 이런 시간을 보내면서 내가 깨달은 것은 바로 내 삶의 의미를 찾아보게 된 소중한 시간인 것 같습니다. 그때부터 죽음에 대한 공부를 하게 되었고 '생사학' 이라는 소중한 공부를 통하여 우리네 삶이 늘 죽음과 함께 호흡하는 삶이라는 것을 알게 되었습니다. 이 소중한 경험을 바탕으로 우리 모두가 죽음을 알면 삶이 보인다는 교훈을 알아야 할 것 같아 이글을 쓰게 되었습니다.

이제는 국가에서 「사전연명의료의향서」를 법제화하여 홍보를 하고 시행이 되면서 죽음을 준비하는 인식의 변화가 우리나라에서도 서서히 확산되어 가고 있다고 봅니다. 죽음준비교육은 노인들만의 교육이 아니라 초등학교에서부터 매우 필요한 교육이라고 봅니다. 죽음을 알면 자신의 삶에 대한 인식을 새롭게 하고 삶의 의미를 찾게 되며 가치 있고 공익을 위한 자신의 미래를 만들어가는 삶을 살아갈 수 있기에 자신의 생명을 소중하게 여기고 매일 매일을 소중하게 여기는 삶을 실천할 것입니다. 아울러 매 순간이 감사하고 고마움을 느끼는 태도가 길러져 인성교육에 매우 지대한 영향을 주게 되리라 믿습니다.

소소한 삶이 모여서 아름다운 인생이 된다는 사실을 잊어서는 안될 것입니다. 이 소소한 행복을 만들어 가도록 죽음을 통해 삶에 대한 눈을 뜨게 하고 이 책이 나오기까지 감수와 격려를 해주신 한림대학교 오진탁 교수와 김연덕 시인께 깊은 감사를 드리며, 내 죽음의 고비를 담담하게 용기로 이겨주고, 내 삶을 깊이 돌아볼 수 있도록 아픈 충고와 격려를 아끼지 않은 가족들, 특별히 딸 소영에게 이 글을 바치며 그간 나를 있게 한 모든 분들에게 감사를 전합니다.

2019년 봄 된봉산 기슭 솔바람소리를 들으며 **홍 문 식**

목차

목차

Ⅱ. 죽음 언저리에서 생각하는 것 / 141

Ⅰ. 죽음과 함께 숨 쉬는 삶

1. 어렵고 아픈 이별 어떻게 할까?
2. 사람들은 죽음에 대해 어떻게 생각하나?
3. 사람이 죽으면 어디로 갈까?
4. 장례는 어떻게 치러지며 어디에 묻힐까?
5. 사랑하는 이를 어떻게 떠나보낼까?
6. 존엄한 죽음이란?
7. 우리 사회 죽음 정의(定義)가 없다
8. 새로운 죽음 문화를 위한 제안
9. 죽음은 어디서 왔나?
10. 슬플 땐 마음에 어떤 일이 생길까?
11. 종교를 통해 본 내세(來世)와 생사관(生死觀)
12. '나' 라는 존재의 가치
13. 결이 있는 잔잔한 기쁨
14. 죽음을 대비하기 위한 수행에 대하여
15. 마음을 고향으로 이끌기(명상에 관하여)
16. 영혼을 성장 시키는 여덟 가지 힘
17. 죽음과 함께 숨 쉬는 삶

1. 어렵고 아픈 이별을 어떻게 할까?

우리들의 삶에서 이별이란 늘 있는 일상입니다. 그러나 그 이별도 가볍고 쉬운 일상의 이별이 있는가 하면 아주 아프고 힘든 이별도 있습니다. 아침에 어린이집이나 유치원 또는 학교에 갈 때 우리는 엄마나 아빠와 헤어져 어린이집이나 학교에 가면서 "다녀오겠습니다!"하고 인사를 하고 잠시 부모님과 떨어져 생활하는 것도 이별입니다. 또 학교생활을 하다가 수학여행을 가거나 할 때도 며칠을 부모님과 형제들과 헤어져 보내게 됩니다. 그래도 그때는 가벼운 마음으로 또 수학여행을 간다는 들뜬 마음으로 이별을 아무렇지도 않게 생각하게 됩니다. 이런 이별은 곧 다시 만날 수 있기 때문입니다.

명절이 되면 할아버지 할머니가 사시는 곳으로 가서 할아버지 할머니와 함께 며칠을 보내고 다시 할아버지 할머니와 이별을 하고 집으로 돌아와 할아버지 할머니를 오랫동안 볼 수 없는 이별을 하지만 슬프거나 가슴이 아프지 않습니다. 그것은 할아버지 할머니가 살아 계시고 또 볼 수 있기 때문입니다. 명절 때 만난 사촌 형이나 누나 또는 동생들이 있다면 그들과도 오랫동안 헤어져 있는 이별을 해야 합니다. 그래도 우리들은 아무렇지도 않게 이별을 합니다. 그것은 그들이 살아 있기 때문에 언젠가는 만날 수 있기 때문입니다. 그러나 여러분은 아주 가까운 사람 즉 할아버지나 할머니와 며칠을 함께 보내다 헤어질 때 눈물을 흘리며 울어 본적이 있을 겁니다.

그래도 아프고 슬픈 이별도 잠시 뿐이었을 겁니다. 그것은 다시 만날 수 있고 그 사람이 살아있기 때문에 그 슬픔이 곧 사라지는 는 것입니다. 그것은 그 사람이 나와 같이 살아있기 때문이지요. 그런데 만약 그 사람이 죽어서 다시는 만날 수 없게 된다면 너무 슬퍼지겠지요. 그런 이별은 참으로 힘든 이별이 될 것입니다. 무척 가슴이 아프고 견디기가 힘든 이별을 하고 나면 생활을 하는데 어려움이 많을 수 있습니다. 이런 이별을 하고 다시 전처럼 생활을 하는 데는 만은 시간이 필요합니다.

가슴 아픈 이별을 겪으면 어떻게 슬플지 생각해봅시다.

내가 초등학교 2학년이었을 때 할아버지가 돌아가셨습니다. 나의 할아버지는 특별하신 분이었어요. 할아버지가 젊은 시절 일본이 우리나라를 강제로 빼앗아 지배하던 시절이었어요. 할아버지는 일본의 지배를 받기 싫고 또 강제 노역에 끌려가시기 싫어서 가족을 두고 한 밤중에 만주로 피신을 떠나셔서 중국인이 운영하는 상점에서 점원생활을 하시면서 보내시다가 일본이 패망하자 고향으로 돌아오셨습니다. 그때 중국인 상회에서 점원을 하면서 배운 주산실력이 매우 좋으셔서 은행에서 월말 결산을 할 때면 꼭 우리 할아버지를 모셔서 월말 결산을 할 정도로 주산으로 계산을 잘하셔서 읍에서는 유명세를 떨치셨지요. 그런데 6.25전쟁이 일어나면 우리 집안은 매우 어려운 일을 겪게 되었었지요.

나의 아버지는 학살을 당하시고 삼촌은 전쟁터에서 전사하시고 한께 번에 두 자식을 잃으신 할아버지는 매우 상심이 크시어 식음을 끊고 한 동안 어려움을 겪으셨다고 하셨습니다. 나의 어머니는

25세의 젊은 나이에 두 형제와 할아버지 그리고 어린 두 삼촌을 부양해야 해야 했기에 앞이 캄캄하고 어찌 할 바를 몰랐다고 합니다. 그래서 할아버지와 어머니는 어린 자식들을 먹여 살리기 위해 상심을 딛고 일어나 삶의 현장으로 뛰어들어 열심히 일하기로 결심하고 그 때부터 밭을 일구고 농산물을 시장에 내어 파는 생활전선에 뛰어들었습니다.

나의 할아버지는 내가 유치원에 다닐 나이 쯤 되었을 때 쌀 한 말과 싸리로 만든 회초리 한 단을 묶고 또 자리를 말아 등에 지시더니, 내 손을 이끌고 나를 서당으로 데리고 가셨습니다. 그리고는 서당의 마루 밑 마당에 자리를 깔고 그 곳에 쌀과 회초리를 올려놓으시고 나를 옆에 무릎을 꾸려 앉게 하고는 "불비한 놈을 부탁하오니 이 회초리가 다 부러져서라도 인륜지도를 행할 수 있는 눈을 뜨게 해주십시오." 하시며 절을 하셨습니다. 그렇게 나를 서당으로 이끌어 주시어 지금도 내가 한문을 그런대로 읽을 수 있는 능력을 키워주셨으며 초등학교에 다닐 때는 한문을 잘 안다고 뽐내기도 했지요. 그렇게 나에게 정성을 쏟아주시던 할아버지가 초등학교 2학년 가을에 갑자기 돌아가셨을 때 나는 너무나 슬프고 가슴이 아팠습니다. 사랑방에서 나와 처마 끝에 앉아 가을 하늘을 바라보며 엉엉 울다 또 마당가에 서있는 감나무에 기대어 하염없이 울었지요. 할아버지와 영영 아주 이별을 한다고 생각하니 가슴이 막 답답해지고 온 몸이 막 조여지는 듯이 아팠습니다.

장례식을 치르기 위해 마을 어른들과 친척 어른들이 한 분 한 분 오시고 군에 가있는 삼촌이 오시기까지 며칠이 지났습니다. 장례식을 치르기 위해 입관을 하는 절차가 있었는데 마지막 할아버지 얼굴을 볼 수 있는 시간인데 나는 어리다고 들어오지 못하게 하였습니다. 그래서 사랑하는 할아버지의 마지막 얼굴을 볼 수 없었습니다. 그래서 더욱 가슴이 아팠고 지금도 할아버지 생각을 하면 늘 그때 그 어린 시절의 자상하신 모습이 떠올라 눈가에 이슬이 맺히곤 한 답니다. 장례를 치르고 난 뒤에도 항상 가슴 한 구석이 텅 비어있는 듯 바람이 들어와 허전한 느낌을 어찌 할 수 없었지만 그 기억과 아픔은 오랫동안 나의 아픔이고 슬픔이었습니다.

죽은 사람과의 이별은 참으로 오래 가게 됩니다. 이런 아픔과 슬픔이 오래가지만 시간이 지날수록 차츰 잊혀가고 서서히 그 슬픈 이별의 아픔에서부터 벗어나 아픈 기억으로 추억되게 되는 것입니다. 그래서 조금씩 괜찮아지고 자기 생활도 다시 예전처럼 정상적인 생활을 하게 되지요. 그러나 이런 아픈 슬픔을 그냥 내버려두는 것이 아니라 주변의 사람들이 위로의 말과 함께 깊은 상처를 받지 않도록 힘을 북돋아주고 위로해 주는 일을 게을리 해서는 안 되는 것이랍니다.

우리는 여러 가지 이별이 있을 때 쉬운 이별, 견디기 어려운 이별들이 모든 사람마다 똑같을 수가 없습니다. 그 사람마다 이별의 슬픔 정도가 각각 다르기기 때문에 이런 이별을 할 때 어떻게 이별을 맞이하면 좋을 가를 생각해보기로 합시다.

첫째, 좋아하는 사람과 헤어질 때는 함께 있어서 얼마나 즐거웠는지, 서로 얼마나 좋아하는 사이인지를 이야기해 줍시다. 그리고

"또 만나. 다시 만날 때 까지 잘 있어." "안녕!"이라고 작별 인사를 꼭 합시다.

둘째, 서로 꼭 안아주거나 악수를 나누며 웃는 얼굴로 서로를 보내어줍시다.

셋째, 가는 사람의 뒷모습을 지켜보며 가는 사람이 안 보일 때까지 손을 흔들어주면 더 좋습니다.

넷째, 다시 만날 생각을 하면서 기뻐하고 이별 할 때 조그만 선물을 하면 더 좋습니다.

다섯째, 떠난 사람 이별하여 헤어져 있는 사람을 생각하며 '잘 지내고 있을까?' 하고 늘 궁금해 하며 가끔 사진을 간직하고 있다가 보는 것도 참 좋은 습관이 됩니다.

여섯째, 헤어짐 즉 이별이 마음을 아프게 한다는 것을 어렴풋이 느끼게 되지만 이것이 아주 자연스러운 일이라는 생각을 해보도록 힘써야 합니다.

일곱째, 헤어져서 슬프면 슬픔을 참지 말고 눈물을 흘리거나 엉엉 소리 내 울어도 됩니다.

여덟째, 세상을 떠난 사람과의 이별은 특별한 예식을 통해 이별을 하게 되는 데 자신만의 특별한 예식을 가질 수 있으면 그런 예식을 통해 이별을 해 주세요. 그리고 죽은 사람의 영혼은 "지금 어디서 잘 지내고 있을까?"를 생각해 보세요.

아홉째, 죽은 사람의 무덤이나 납골당에 예쁜 꽃을 심거나 꽃을 걸어주며 죽은 사람에게 "사랑은 영원히 잊어지지 않는다."고 말하고 항상 우리의 마음속에 남아있다고 말해주세요.

죽음은 누구나 한번은 겪게 되는 경험입니다. 티베트 불교에서는 죽는 순간 어떤 마음을 먹느냐에 따라 그의 내세가 결정된다고 합니다. 설령 그렇지는 않더라도 죽는 순간은 당사자뿐만 아니라 남아 있는 가족에게 귀중한 시간입니다. 어떤 가족에게는 좋은 추억이 될 수도 있고, 또 어떤 가족에게는 악몽으로 남을 수도 있습니다.

제가 병원에 입원해 있을 때 중환자실에 잠시 있었던 적이 있었는데 그 때 들었던 이야기입니다. 평소에 종교계에서 존경을 받던 한 목사님이 임종을 맞이했을 때 거의 동물에 가까운 모습을 보였다고 합니다. 그는 살기 위해 어떤 치료라도 원했으며 그가 원하는 바가 이루어지지 않았을 때는 주위 사람들을 원망하고 괴롭혔습니다. 그래서 온갖 연명의료를 실시했으나 애쓴 보람도 없이 그는 얼마 후 돌아가셨습니다. 장례를 치른 후 가족들에게는 그의 임종 과정이 생각조차 하기 싫은 악몽으로 남고 올바른 이별 인사도 제대로 못해 기억조차 하기 싫을 정도라고 하고 있습니다.

우리가 삶을 마감할 때 가족에게 좋은 추억을 남기고 갈 것인가, 아니면 슬픈 기억을 남겨주고 갈 것인가를 선택할 수 있습니다. 호스피스 현장에 있던 사람들의 말에 의하면 사람은 살아온 대로 죽는다고 합니다. 그러니까 잘 살아온 사람은 잘 죽고, 그렇지 못한 사람은 죽음도 그렇다는 것입니다. 대체로 생애 동안 의미 있는 일을 추구했던 사람의 죽음이 편안했다고 합니다.

우리가 죽음이라는 아주 어려운 이별을 할 때 사랑의 의미와 삶의 의미를 서로에게 잘 이해시키고 서로의 사랑을 듬뿍 안기는 이별이야 말로 아름다운 이별이라 할 수 있을 것입니다. 이제 우리의 삶에서 인생 2막을 설계하는 사람들은 이이야기를 귀담아들을 얘기라고 믿습니다.

2. 사람들은 죽음에 대해 어떻게 생각하나?

우리가 무엇인가를 두려워하거나 공포를 느낀다는 것은 그 대상에 대하여 무엇인지 모르기 때문입니다. 어린 시절 우리 집은 마을에서 외딴 곳에 있었고 숲을 지나서 집으로 가야 하는데 한밤중에 혼자 집으로 가야 할 경우가 더러 있었습니다. 그때마다 숲을 지날 때 우두커니 서있는 나무 뒤에서 무엇이 나올 것만 같아 얼마나 두려워하고 무서웠는지 모릅니다. 특히 가을철에는 마른 나뭇잎이 떨어져 밟히고 바람에 나뭇잎이 굴러가는 소리는 등줄기로 식은땀이 나게 하였지요. 우리가 죽음을 두려워하는 이유도 이와 같은 원리라고 생각합니다.

사실 죽음은 우리 사회에서 오해를 받고 있습니다. 사람마다 죽음의 모습은 천차만별인 것도 따지고 보면 죽음에 대하여 바르게 이해하고 있지 못하기 때문이라고 봅니다. 죽음이 삶의 한 과정이라면 우리의 삶이 인간답게 살아가기 위해서 반드시 죽음을 올바르게 이해해야 한다고 믿습니다.

우리는 죽음을 터부시 한다는 것입니다. 인간은 누구나 죽음을 피할 수 없는 것임을 잘 알고 있고, 또 가까운 사람의 부음을 수시로 접하고 있습니다. 그러면서도 죽음을 자기 자신의 문제이고 자신에게 어제든지 일어날 수 있는 문제임을 고심하는 사람을 찾아보기 힘듭니다.

불치병이나 자동차 사고에 대비해 보험을 든다든가 건강검진을 받으면서도 가장 중요한 죽음 자체에는 아무런 관심이 없는 것 같습니다. 많은 사람들이 마음에 준비가 잘 안된 상태에서 사랑하는 사람의 죽음과 자기 자신의 죽음을 맞이하는 실정입니다. 이상한 일이 아닙니까?

우리는 죽음을 일상생활에서 대화의 주제로 올리기조차 꺼리고 있고 죽음을 입에 올리는 것 자체를 거부하며 죽음을 터부시하는 것 같습니다. 죽음을 금기시 하는 삶은 바람직한 삶을 영위할 수 없게 되며 죽음을 터부시 한다면 죽음뿐만 아니라 자신의 삶을 깊이 있게 생각할 수 없습니다.

죽는 마지막 순간까지도 죽음을 부정하는 사람도 많습니다. 죽음을 앞에 둔 사람이 죽음을 부정하게 되면 함께 살아온 삶의 시간에 대해 솔직한 대화를 나눌 수 없게 됩니다. 이제 우리는 죽음을 테이블위에 올려놓고 논의할 때입니다.

우리 주변의 대다수의 사람들은 죽음을 절망이고 두려운 것이라고 여기고 있습니다. 죽음에 대하여 담담하게 대하는 것 같아 보이지만 실제로는 죽음에 대하여 백지상태라고 하여도 과언은 아닐 것입니다. 그렇기 때문에 죽음을 부정적 시각으로 볼 수도 있고 긍정적인 시각으로 볼 수도 있습니다. 그렇지만 대부분의 사람들은 죽음이라 하면 절망적인 어떤 순간만 떠올리게 됩니다. 뿐만 아니라 죽음하면 두려움 그 자체로 인식하고 있습니다. 그렇기 때문에 우리의 주변에서 죽음에 대한 준비를 게을리 하게 됩니다. 죽음을 긍정적으로 받아들이고 죽음이 두려운 존재가 아니라는 것을 알 때 우리의 삶은 새로운 시선을 뜨게 합니다. 그래서 삶의 질이 달라지는 것이지요, 우리의 삶의 모습을 바꾸는 것은 죽음을 올바르게 알고 죽음이 절망적이 아니라 희망이며 삶의 부정적 인식이 아니라 긍정적인 것이라는 것을 알 때 우리들은 삶에서 여유를 찾고 촌음을 아끼고 명상하는 마음의 숭고한 눈을 뜨게 될 것입니다. 그래서 달라이라마는 말했습니다. "세상에는 일곱 종류의 사람이 있는데, 섬길 만하고 공경할 만하며 이 세상의 위없는 복 밭이 되는 사람들이다. 어떤 것이 일곱 종류의 사람인가? 첫째는 사랑하는 마음을 가진 이요, 둘째는 가엾이 여기는 마음을 가진 이며, 셋째는 기뻐하는 마음을 가진 이요, 넷째는 보호하는 마음을 가진 이요, 다섯째는 공(空)을 아는 이요, 여섯째는 잡생각이 없는 이며, 일곱째는 바라는 것이 없는 이다."

영국의 주교 회의는 「잘 죽는 기술(Art of Dying Well)」을 홈페이지에 올려놓고 생애의 마지막 단계에 있는 사람들에게 종교적 위안을 줄 수 있는 실제적인 지침을 제공하고 있습니다. 중세 전통에 바탕을 두고 있는 내용이지만, 삶을 마무리 하는 문제를 생각하는 모든 사람들에게 도움을 주기 위해 만들었다고 합니다.

우리사회도 이젠 죽음에 대한 이야기를 금기시할 것이 아니라 식탁 위에 올려놓고 이야기를 나눌 수 있어야 합니다. 죽음에 관해 터부시하는 문화를 없애면 죽어가는 환자가 가지는 공포를 줄이고 삶의 질을 개선할 수 있을 것입니다.

몇 해 전 세상을 떠난 스티브 잡스는 '죽음이 삶의 가장 위대한 발명'이라고 했습니다. 그는 "만약 사람이 죽지 않는다면 얼마나 많은 문제가 발생하겠는가. 그동안 나를 위해 많은 생명이 죽어갔

듯이 이제는 다른 생명을 위해 내가 죽는다는 것을 받아들여야 한다."라고 하였습니다.

대부분 죽음이라 하면 모든 것이 끝이 난다고 이야기들 합니다. 우리들이 자주 범하는 오해가 바로 "죽으면 다 끝나는 것이다."라는 것입니다. "나만 죽어버리면 되는 것이 아닌가." 하는 생각으로 결국 스스로 목숨을 끊는 사람들이 있습니다. 하지만 우리 시대의 영혼의 스승 달라이 라마는 "죽음이란 옷을 갈아입는 과정"일 뿐이다, 즉 죽음은 영혼이 육신의 옷만 벗는 것에 불과하다는 것입니다.

죽음은 육신의 옷만 벗고 영혼은 새로운 세상으로 떠나는 것입니다. 죽으면 끝이라는 오해에서는 죽음으로써 삶과 단절하겠다는 기대가 깔려 있습니다. 하지만 우리의 삶, 죽어가는 과정, 죽음 이후, 이 세 가지는 서로 밀접한 관계를 맺고 있습니다. 어제의 삶은 사라졌지만 어제의 삶은 오늘의 삶과 연결되어 있으며 어제의 삶과 오늘의 삶이 연결되는 것을 전제로 해서 "나"라는 존재가 있다는 사실입니다. 그렇기 때문에 "나"라는 존재는 죽음 이후에도 어떤 식으로든 남는다는 사실은 전통적인 위대한 영적 지도자들의 가르침입니다.

불쌍하게도 지나간 삶을 후회하면서 죽는 경우가 많습니다. 또 죽음을 단절로 오해하여 자살 사망률도 매우 높아져 우리나라가 자살률 세계 1위라는 사실은 참으로 부끄러운 일이 아닐 수 없습니다. 자살은 또 다른 죽음을 부른다고 합니다. 자살하면 삶이 모두 끝난다고 생각하는 것은 매우 위험한 생각입니다.

현대인들은 매우 팍팍한 삶을 살아가고 있습니다.

첫째, 어려서부터 학교, 학원, 과외로 시달리는 우리의 교육 풍토에서부터 받는 청소년들의 학업 스트레스는 우리 청소년들의 자살율을 높이는 원인이 되고 있습니다.

둘째, 취업을 위한 심한 경쟁사회와 직장에서의 스트레스는 우리를 우울하게 하고 삶을 어둡게 하고 있습니다.

셋째, 생명을 경시하는 풍조입니다. 컴퓨터에 익숙한 청소년들은 게임을 하다가 원하는 대로 되지 않으면 바로 리셋(reset)을 합니다. 또 폭력적인 게임을 통해 주인공의 운명을 걱정하지 않아도 됩니다. 사이버 세계에서는 리셋 버튼만 누르면 모든 것이 새로이 시작됩니다. 우리의 삶은 결코 컴퓨터 게임이 아님에도 컴퓨터에 익숙한 사람들은 현실세계도 이와 같이 생각하여 생명을 곧 리셋 할 수 있는 것처럼 행동하기 때문입니다.

넷째, 노인 문제입니다. 우리나라의 노인은 급격히 늘어나는 추세입니다. 경제개발을 위해 뒤를 돌아보지 않고 앞만 보고 달려온 세대들이 이제 은퇴를 하면서 노후문제를 준비하지 못했던 것입니다. 그로인하여 급격한 노년의 경제 궁핍과 질병으로 인한 고통이 우울증과 심한 심적 경제적 고통을 겪으면서 노인 자살률을 높이고 있습니다. 우리나라는 OECD 회원국의 통계 자료에 의하면 노인 자살율이 30개 회원국 중 가장 높은 10만 명당 58명으로 국제사회에서 노인 자살이 많다는 일본의 32명에 두 배가 넘습니다.

100세시대의 초고령사회로 달려가는 우리나라 현실을 바로보고 노인복지문제는 국가가 철저히 살피지 않으면 더욱 심각한 문제를 낳게 될 것입니다.

그렇다면 자살을 어떻게 대응하고 예방할 것인가? 자살자는 말하고 싶어 한다고 합니다. 자살을 시도하고자 하는 사람은 대개 한 달 전이나 일주일전에 다음과 같은 징후를 보여준다고 합니다.

첫째, 어떤 경로로든 주변 사람들에게 은연중 자살할 뜻을 비친다는 겁니다. “죽고 싶다.”, “사는 게 허무하다.”, “주변 사람들을 다 죽이고 싶다.” 등의 이야기를 한다고 합니다. 이럴 때 상대방의 이야기를 잘 들어주는 것이 중요합니다. 그가 마음 놓고 속마음을 털어 놓을 수 있도록 잘 들어 주기만 하여도 됩니다. 그리고 “세상은 그렇게 험한 곳만은 아니라”는 식으로 함께 말해주어야 합니다.

둘째, 평소에 잘 찾지 않던 종교인이나 의사, 마음으로부터 의지하는 동료나 상사를 일부러 찾아간다고 합니다. 평소 연락도 되지 않던 친구가 갑자기 찾아와 머뭇거리거나 자조적인 이야기와 신세한탄을 하면 일단 그 사람을 주의 깊게 관찰해보아야 합니다.

셋째, 평소보다 더 우울해지고 말수가 없어집니다. 이때쯤엔 자살 기도자는 이 세상에 대한 미련을 버리려고 합니다. 이때 나타나는 징후로는 유난히 말수가 적어지고, 식사도 거의 하지 않으며, 성생활도 멈추고, 거의 잠을 자지 못하며 깊은 상심에 빠져 무언가 골똘히 생각하는 경우가 많으며 이 세상에서의 모든 생활을 정리하기 위한 번민을 하게 됩니다. 이런 눈치를 채게 되면 빨리 전문의에게 연락을 취해 상담하게하고 종교인에게 데려가 자살을 중단토록 막아야 합니다.

넷째, 자살 감행하려는 자는 자신의 주변을 정리합니다. 본인이 아끼던 물건을 평소 친한 친구에게 주거나 책상을 말끔히 정리 정돈을 한다든지 속을 갈아입고 자신을 정결하게 치장을 합니다. 그리고는 주변 사람들에게 "그동안 고마웠다.", "행복하길 바란다.", "실망시켜 죄송하다."는 등의 마지막 메시지를 핸드폰이나 전화, 편지 등으로 남깁니다. 이때는 자살을 막는 것이 매우 어렵다. 그래도 이런 메시지를 받은 사람이 즉시 연락을 하면 실행을 옮기지 못하는 경우가 있습니다.

자살을 예방하기 위해 우리 주변에서 이런 징후를 보이는 사람이 있는 지 예의 주시하고 늘 주변 사람들의 움직임에 관심을 가지고 대처하는 자세가 필요가 있습니다. 내 일이 아니라고 무관심으로 있으면 바로 내 옆에서 이런 일들이 벌어질 수 있다는 사실을 명심해야 합니다.

사실 죽음이 무엇인지 제대로 이해하는 것은 우리들에게 그리 쉬운 일은 아닙니다. 죽음을 겪어 본 사람이 거의 없기 때문에 누구로부터 어떻게 죽음을 배울 수 있겠습니까? 누가 죽음을 자신있게 가르쳐 줄 수 있을까요? 그러므로 죽음을 이해하는 일은 개인에게 맡겨둘 일이 아니라 사회적 차원에서 이루어져야 한다고 믿습니다. 죽음을 올바르게 이해하고 평소 죽음 준비를 하는 사람이 많을수록 자연스럽게 자살이라는 사회 문제도 해결 할 수 있게 될 것입니다. 성숙한 죽음 교육의 부재가 자살자의 증가를 부르는 것입니다.

우리가 죽음 준비 교육이라고 하면 노인들만이 해당되는 것으로 생각하고 있습니다. 그래서 죽음 교육하면 시간 낭비라고 치부하고 생각조차 하지 않으려고 합니다. 하지만 죽음준비 교육에는 단순히 교육적인 차원보다는 개인의 삶의 태도와 철학적인 사유가 담겨있습니다.

첫째, 생명이 유한하므로 삶의 시간이 제한되어 있어 자신의 삶의 방식을 돌아보는 기회를 갖고 보다 의미 있는 삶을 영위하자는 뜻입니다.

둘째, 평소 죽음을 미리 준비하므로 갑자기 죽음이 찾아오는 죽음이 아니라 죽음을 맞이할 수 있는 삶의 여유를 갖게 하자는 것입니다.

죽음준비는 죽음을 준비한다는 것보다는 내 삶을 가꾸어가는 교육 즉 삶을 의미 있게 만들고 소중한 생명을 아름답게 가꾸고 소소한 삶의 의미를 새겨 보람 있고 뜻 있는 자신을 가꾸어 가자는 것입니다. 이렇게 되면 삶의 질은 개선되고 아울러 자살 문제도 자연히 해소 될 것입니다.

임사체험자들 대부분은 육신을 벗어나 아무런 고통도 느끼지 않았고 평온함과 행복감을 느꼈으며, 빛의 존재가 사랑으로 감싸 안은 경험을 했다고 합니다. 그러나 자살 미수자들은 한결 같이 행복감이나 편안함은 물론 빛의 존재를 경험하기는 커녕 이 세상의 고통과는 비교할 수 없는 극한 고통만 느꼈다고 전하고 있습니다. 이런 고통을 맛본 자살 미수자는 자신의 어리석음을 뉘우치게 됩니다. 운 좋게 살아난 자살미수자는 "아 다행이다."라고 말 한다고 합니다. 죽음이 끝이 아니라 영혼의 삶이 시작이라는 것이지요. 그래서 자살은 현재의 삶보다 더 고통스럽고 더 극렬한 아픔을 겪게 된다는 것입니다.

소크라테스는 "철학으로 산다는 것은 세속적인 재물이나 권력, 출세 혹은 명예의 추구가 아니라 진리나 지혜, 영혼의 문제에 관심을 기울이는 것이다. 세속적인 방식은 불완전한 영혼의 상태에서 삶을 이어가는 것에 불과할 뿐이다. 철학이란 잠자고 있는 영혼을 일깨워 무지를 지각하게 하는 역할을 한다. 철학적인 삶이란 깨어있는 영혼으로 사는 것이다."라고 하였습니다.

우리가 삶에서 고통 받으며 사는 이유는 영혼의 정화에 있는 것입니다. 즉 영혼이란 고통을 받음으로서 성장하는 존재라는 것입니다. 그래서 죽음은 영혼의 마지막 정화처인지도 모릅니다.

3. 사람이 죽으면 어디로 갈까?

우리가 화분이나 정원에 식물을 심어 가꾸어 보면 물을 주고 비료를 주어 잘 돌보아도 때로는 그 식물이 죽을 때가 있습니다. 또 곡식들은 매년 새로 심어주어야 합니다. 이렇게 식물들도 생명을 다하고 죽습니다. 그래도 우리는 화분의 식물이 죽으면 아깝고 안타깝지만 일상에 늘 있는 것으로 생각하게 됩니다. 이 지구상에서 죽지 않는 것은 하나도 없습니다.

누구나 사랑하는 사람이 죽는 것을 바라는 사람은 없습니다. 만약 사랑하는 사람이 병이 났거나 심하게 다치면 걱정을 하면서도 얼른 나아서 다시 함께 지낼 수 있기를 바라지요.

하지만 죽음도 생활의 한 부분입니다. 모든 사람은 반드시 죽습니다. 하지만 우리들을 그것을 인정하려고 하지 않습니다. 그래서 그냥 모른척하려고 하며 그건 당연한 일이지만 그래도 누군가 죽으면 그 사실을 똑바로 바라보지 않으려고 합니다. 그래서 우리는 이제라도 누군가 죽으면 그 사실을 똑바로 보려고 애써야합니다.

우리는 주변에서 나이가 많이 드신 어르신 분들이 언젠가는 돌아가신다는 것을 알고 있습니다. 그러면서도 막상 그런 일을 당하면 슬픔에 빠지고 맙니다. 그런데 젊었다고 죽음을 피할 수 있는 것도 아닙니다. 젊은 사람도 깊은 병에 걸리거나 예상치 않은 사고로 죽는 일이 우리 주변에서 많이 볼 수 있습니다. 젊은 사람이 죽으면 우리는 더 안타까워하게 됩니다. 그건 젊은 사람이 살아갈 날들이 많은 데다 이루어야 할 일들이 많기 때문이지요.

우리들은 사람들의 죽음을 의학적으로 이야기 합니다. 뛰고 있던 심장이 멈추고 숨을 쉬던 숨을 쉬지 않으면 그 사람을 죽었다고 말합니다. 그런데 심장은 뛰는데 호흡은 멈추게 되면 뇌에도 산소가 공급되지 않아서 몸의 모든 부위가 움직이지 않아서 의사들은 이런 상태를 "뇌사"라고 말 합니다. 그런 상태가 되면 의사들은 "의학적으로 죽었다"라고 말 합니다.

그런데 이렇게 죽었다고 판단을 하였는데 기적적으로 살아나는 사람들이 있습니다. 이런 사람들을 "임사경험자"라고 하는 데 이런 사람들의 이야기를 들어보면 죽음 뒤에도 우리의 영혼은 살아있다고 이야기 합니다. 그들의 이야기를 정리하면 다음과 같은 몇 가지 공통점이 있음을 알 수 있습니다.

첫째, 유체이탈입니다. 육신으로부터 영혼이 벗어나 자신의 육신을 허공에서 내려다보며 의사들이 자신을 죽었다고 판정하는 이야기를 직접 듣기도합니다. 또 그들은 자신의 육신과 함께 주위의 환경을 볼 수 있었습니다. 이것은 아주 오래된 「티베트 사자의 서」가 말하는 내용과도 일치하고 있습니다. 또 이들은 살아있는 가족에게 말을 걸었지만 그들이 알아듣지 못해 안타까웠다고 말합니다.

둘째, 이들은 칠흑 같은 어두운 터널 같은 곳을 통과하듯 캄캄한 어둠속을 지나 삶과는 다른 현실 세계를 만나는데, 어둠속으로 들어가기도 하고 차원 없는 공간을 떠나기도 하고, 급속도로 터널을 지나 우리가 말하는 "저승"이라는 세계로 들어가 살아있었을 때의 기억을 전혀 의식 못하는 다른 세상을 만나기도 했습니다.

셋째, 그들은 빛의 존재를 만난다고 합니다. 임사체험자들은 빛의 존재를 붓다, 예수, 보살, 마리아, 천신 등 다양하게 증언하지만 종교 문화적 상황에 따라 다르게 표현하고 있으며 사랑으로 감싸는 빛의 존재와 함께 있으면서 온몸으로 축복을 가득 느끼며, 대화를 나누는 말이 아니라 이심전심으로 의사가 소통된다고 하며 어린이의 임사체험을 집중적으로 연구한 멜빈 모어스에 의하면 어린이의 체험에서도 빛의 존재가 나타난다고 하며 임사체험의 마지막 단계에서 거의 예외 없이 나타난다고 증언하고 있습니다.

넷째, 임사체험자들의 다양한 체험 중에 또 하나는 파노라마처럼 자기의 삶을 되돌아보는 일입니다. 갑자기 나타난 빛의 존재와 함께 자기 삶에서 일생동안 겪었던 다양한 일들이 영상 이미지를 통해 아주 짧은 시간동안에 되돌아본다는 것입니다.

다섯째, 돌연 어떤 장벽이나 경계선 같은 것에 도달하며, 어떤 사람은 먼저 죽은 친척이나 친구를 만나기도 하고 또는 아주 짧은 시간이지만 자신이 가고자하는 곳으로 순간적으로 이동하여 여행을 하기도 한다고 합니다.

여섯째, 의학적으로 죽었다가 임사체험을 겪고 알 수 없는 이유로 다시 살아난 체험자들은 이전의 삶과 크게 다른 삶을 살아간다고 합니다. 죽음에 대한 두려움에서 벗어나 즉음이 끝이 아님을 확신하고 체험이전보다 훨씬 관대해지고 사랑을 베풀며 영혼이나 영성에 대한 관심을 보이며 남을 돕고 사랑의 중요성을 진지하게 생각하며 물질적 향락을 덜 추구하고 영적인 차원의 삶의 의미를 중요하게 추구한다고 합니다. 이들은 죽음이후 영혼의 세계에 대한 믿음을 갖게 된다고 합니다.[1)]

이제 우리는 임사체험자들이 이야기하는 공통점을 살펴보았습니다. 그들은 모두 죽음 다음 영혼의 세계가 있다고 증언하고 있습니다. 그러므로 이들의 증언을 근거로 한다면 우리의 죽음은 육체가 죽을 뿐 영혼은 죽지 않는다는 것이 됩니다. 이런 이야기들은 동서양의 문화에서 죽음은 끝이 아니라는 것을 많은 가르침을 통해 이야기되어 왔습니다. 불교의 윤회나 기독교의 영생, 티베트 불교의 사자의 서에서도 그리고 우리나라의 이승과 저승에 관한 이야기도 모두 육신의 죽음만 이야기 되고 영혼은 죽지 않는다는 이야기로 귀결되고 있습니다.

예로부터 사람의 영혼은 죽으면 몸을 떠나 이승으로부터 먼 여행을 떠나 저승으로 간다고 믿었습니다. 그래서 옛날 사람들은 사람이 죽으면 여행길을 떠나면서 굶거나 힘들지 말라고 필요한 음식과 돈을 그리고 도구들을 같이 무덤에 묻어주었습니다. 또한 종교들의 가르침에도 죽음 이후에 대하여 다양한 이야기가 있습니다. 예수 그리스도가 십자가에 묶여 죽임을 당했지만 부활한 것처럼 사후에 천국에 가서 먼저 죽은 사랑하는 사람과 다시 만나고 다 함께 신의 무한한 사랑 속에 새 삶을 계속 살아가리라는 희망이 기독교 신앙의 밑바탕입니다.

1) 오진탁. 마지막 선물, 세종서적. 2007. pp124~129

「요한복음 11장 25절」에 "나는 부활이요. 생명이니라. 나를 믿는 자는 죽더라도 살 것이요. 살아서 나를 믿는 자 누구든지 영원히 죽지 않을 것이다." 라고 예수가 남긴 말에 기독교인들은 위안을 받습니다.

「히브리서 11장 15-16」는 "저희가 나온 바 본향을 생각하였다면 돌아갈 기회가 있으려니와 저희가 이제는 더 나은 본향을 사모하니 곧 하늘에 있는 것이라." 하고 있습니다. 이는 죽은 다음 영혼의 세계로 돌아간다는 말로 죽음 이후의 삶을 가르치고 있는 것이라고 믿습니다. 또 인간은 육체와 영혼이 따로 있음을 이야기하는 내용이 있습니다.

「고린도전서 15장 44절」에 "육의 몸으로 심고 신령한 몸으로 다시 사나니 육의 몸이 있은 즉 신령한 몸이 있느니라." 라고 말하고 있는 것은 죽음 이후의 세계는 육신의 세계가 아닌 영혼의 세계임을 가르치고 있습니다.

사도바울은 「고린도 후서 5장1절에서 3절」에서 "땅에 있는 우리의 장막 집이 무너질 때에는 하느님께서 마련하신 집 곧 사람의 손으로 지은 것이 아닌 하늘에 있는 영원한 집이 우리에게 있는 줄 압니다. 우리는 이 장막 집에서 신음하며 하늘로부터 오는 우리 집으로부터 덧입기를 갈망하고 있습니다. 우리가 이 장막 집을 벗을지라도 벌거벗은 몸으로 드러나지 않을 것입니다." 또 「고린도전서 15장40절과 49절」에서 "하늘에 속한 몸도 있고, 땅에 속한 몸도 있습니다. 하늘에 속한 몸들의 영광과 땅에 속한 몸들의 영광은 저마다 다릅니다. 우리가 흙으로 빚은 그 사람의 몸을 입은 것 같이, 또한 하늘에 속한 그분의 상을 입을 것입니다."라고 인간의 존재를 사멸하는 흙덩이 즉 장막인 임시집의 존재로 보았으며 사람의 영혼 즉 영적 몸을 덧입는 것으로 죽음은 하느님이 새롭게 덧입혀주시는 선물이라고 말하고 있습니다.

인도의 거리에서 죽어가는 사람들을 위해 '니르말 흐리다이'(순결한 마음의 장소라는 뜻의 죽어가는 사람들을 위한 집)를 짓기도 했던 테레사 수녀님의 죽음이란 무엇일까요.

"죽음은 고향으로 가는 것입니다. 사람은 죽으면 어떻게 될지 두렵기 때문에 죽기 싫어합니다. 죽음이 무엇인지 안다면 죽음을 두려워하지 않을 것입니다. 죽어가는 사람들은 '좀 더 좋은 일을 했어야 하는데' 라는 식의 자책도 있습니다. 우리가 살아왔던 방식 그대로 죽어가는 사례를 보게 되기도 합니다. 죽음은 삶의 계속이고 완성입니다. 죽음이란 육신의 죽음뿐이지 영혼은 계속 유지됩니다. 사람은 결코 죽지 않습니다. 종교마다 내세를 말하고 있습니다. 현세가 마지막이라고 믿는 사람은 죽음을 두려워합니다. 죽음은 고향으로 하느님을 찾아가는 것일 뿐이라는 사실을 올바로 이해하기만 한다면 죽음에 대한 두려움은 사라질 것입니다." 라고 하셨으니 수녀님의 죽음은 고향으로 하느님을 찾아가는 것입니다.[2)]

테레사 수녀님의 이야기나 사도 바울이 이야기한 내용은 같은

2) 오진탁. 전게서. 세종서적. 2007. p130

이야기를 하고 있습니다. 이러한 말들은 조금씩 해석하는 방법에 따라 다르지만 결국 죽음으로 모든 것이 끝나는 것이 아니라는 점에서는 일치하고 있습니다.

동양의 도교에서도 이와 비슷한 이야기를 하고 있습니다. 장자는 「지북유(知北遊)」에서 말했습니다. "사람의 삶과 죽음도 기의 변화의 한 과정이다. 기가 모여서 뭉치면 삶이고 기가 흩어지면 죽는 것이다. 삶과 죽음은 서로 꼬리를 물고 순환한다. 그것이 자연의 법칙이다.「人之生 氣之聚也 聚則爲生 散則爲死 生也死之徒 死也生之始 孰知其紀(인지생 기지취야 취즉위생 산즉위사 생야사지도 사야생지시 숙지기기)」"

기의 흐름이기 때문에 기가 뭉쳐지면 삶이 되는 것이고 흩어지게 되면 죽는 다는 것은 자연의 이치이므로 자연으로 돌아가는 현상이 죽음이라는 것이지요. 즉 기의 움직임 영혼의 순환을 의미하는 것이 아닌가 생각합니다.

또 장자는 "삶과 죽음은 기의 흐름이라는 동일한 것이다.「死生爲一條(사생위일조) 死生存亡之一體(사생존망지일체)」"라고 덕충부(德充符)와 대종사(大宗師)애서 가르치고 있습니다. 또 "하나의 삶이란 다른 죽음에 의존하게 되고 또 하나의 죽음이 새로운 삶을 시작시키는 변화의 굴레를 순환할 뿐이다.「方生方死 方死方生」(齊物論)"라고 하였습니다.

불교에서는 생명이 있는 것은 여섯 가지의 세상에 번갈아 태어나고 죽어 간다는 육도윤회(六道輪廻)라고 합니다. 육도 중 첫째는 지옥도(地獄道)로서 가장 고통이 심한 세상입니다. 지옥에 태어난 이들은 심한 육체적 고통을 받는다. 둘째는 아귀도(餓鬼道)입니다. 지옥보다는 육체적인 고통을 덜 받으나 반면에 굶주림의 고통을 심하게 받습니다. 셋째는 축생도(畜生道)로서, 네 발 달린 짐승을 비롯하여 새·고기·벌레·뱀까지도 모두 포함됩니다. 넷째는 아수라도(阿修羅道)이다. 노여움이 가득 찬 세상으로서, 남의 잘못을 철저하게 따지고 들추고 규탄하는 사람은 이 세계에 태어나게 됩니다. 다섯째는 인간이 사는 인도(人道)이고, 여섯째는 행복이 두루 갖추어진 하늘 세계의 천도(天道)입니다. 곧 인간은 현세에서 저지른 업에 따라 죽은 뒤에 다시 여섯 세계 중의 한 곳에서 내세를 누리며, 다시 그 내세에 사는 동안 저지른 업에 따라 내세에 태어나는 윤회를 계속하는 것입니다. 불교에서도 죽음은 끝이 아니라고 가르치고 있습니다.

호스피스 병동에서 오랫동안 봉사해온 봉사자들의 이야기를 들어보면 임종을 2-3일 앞둔 환자는 대화하던 중에도 갑자기 시선을 허공으로 돌리고 "누가 와 있다." "누구를 보았다."고 말하기도 하고 때로는 천사와 이야기를 나누었다. 고 하기도 하고 이미 죽은 사람을 보았다고 말하기도 하며 "문 밖에 누가 있으니 들어오라고 하라." 이야기한다고 합니다. 3)

인간에게 눈이 둘이라 삶과 죽음의 두 세계를 다 잘 보라는 것

3) 오진탁, 전게서, 세종서적. 2007. p118

인지도 모릅니다. 우리가 살면서 눈에 보이는 이 세상만 보이는 것으로 착각하고 살고 있는 것이 아닌가 생각합니다. 죽음에 이르러 영혼이 육체에서 빠져 나가려고 할 때 비로소 한쪽 눈으로는 이 세상을 다른 한 쪽으로는 다른 세상을 보게 되는 것이지요. 우리는 임종기의 환자가 헛것을 본다고 이야기 하지만 이것은 임종과정에서 당사자들이 실제로 겪는 일들입니다.

임종과정에 있는 사람은 이 세상과 저 세상을 동시에 보는 일은 매우 흔한 일입니다. 우리 몸에서 영혼이 빠져 나가는 데는 대개 2-3일 또는 수 시간이 소요 됩니다. 그 때 잠간씩 양쪽 세계를 다 보게 되는 것 같습니다. 영혼과 같은 것은 눈에 보이지 않아 과학적으로 증명할 수 없지만 호스피스들에게서는 엄연히 존재하는 현상임을 그들은 증언하고 있습니다.

영혼이 몸에서 빠져나가는 과정은 매우 신비스럽다고 합니다. 사람이 임종 할 때가 되면 몸이 서서히 기능을 정지하면서 체인지-스톡 호흡(Cheyne -Stoke breathing, 과호흡과 무호흡을 반복하는 호흡)을 하다가 때가 되면 코로 긴 한 숨을 쉬듯이 숨이 빠져나가 버린다고 합니다. 코로 들어간 생기가 코로 나가는 모습을 보게 되면 영혼의 존재를 확인하는 느낌을 받게 된다고 호스피스들은 말하고 있습니다. 한 호스피스는 임종을 지켜본 경험을 이렇게 말하고 있습니다.

“학부 때 실습을 나가 중환자실에서 어느 날 환자의 생명이 거의 다 했다는 조짐이 생명 보조 장치 등을 통해 나타나기 시작했어요. 호기심이 많았던 나는 사람이 죽는 순간을 목격하고 싶어서 교대시간도 마다하고 자리를 지켰어요. 환자는 두 번 급하게 숨을 들이 쉬다 잠시 멈춘 뒤 후-욱 하고 내쉬는 체인-스톡 호흡을 끊어질 듯 끊어질 듯 계속하다가, 어느 순간 갑자기 후- 하고 마지막 숨을 내 쉬는데 길게 아주 길게…… 그리고 끝없이……그래서 꼭 호흡이 아닌 그 무엇이 함께 나간다는 느낌을 받았어요. 그 순간 침대 위의 환자 주위로 아주 희미한 빛이 감싸져 있다가 사라졌어요."(월간조선 2000년3월호)

호스피스 병동의 많은 봉사자들은 임종과정의 환자들이 종교에 따라 예수, 베드로, 마리아를 또는 천사를 또는 먼저 죽은 사람을 또는 아미타불, 관세음보살 등등을 보았다고 이야기 한다고 합니다. 이는 죽음이 끝이 아니라는 것을 증명해 주고 있는 것입니다.

티베트 불교에서도 죽음은 끝이 아니라고 가르치고 있습니다. 『티베트 사자의 서』라는 책은 오래 전부터 전해오는 죽음 이후에 일어나는 일에 대하여 아주 상세하게 기록하여 죽음 이후의 세계에 대하여 안내하는 성격의 책입니다. 티베트 사람들은 죽은 사람들의 귀에 대고 이 책의 내용을 읽어준다고 합니다. 이런 행위는 티베트 사람들은 이미 죽은 사람이 들을 수 있다는 것을 사실로 인정하고 있다는 것을 알 수 있습니다.

『티베트 사자의 서』라는 책의 원명은 '바르도 퇴돌 첸모(Bardo Tődrol Chenmo)인데 "바르도 상태에서 가르침을 들음으로써 해탈을 성취한다."라는 뜻을 가지고 있다고 합니다. 〈바르도〉라는 말은 티베트인에게는 생사관에서 매우 중요한 용어로 인간은 삶과 죽음의 사이에 걸쳐져 있는 과정적 존재로 보며 바르도는 바로 그 삶과 죽음의 과도기 즉 틈을 의미한다고 합니다. 그래서 그들은 이 바르도를 네 가지 단계로 나누어 설명하고 있습니다.

첫 번째는 삶이고, 두 번째는 죽어가는 과정이고, 세 번째는 죽음 이후이고, 네 번째는 환생이라고 합니다.

첫째, 바로 지금의 삶을 말하는 '일상적인 바르도' 는 태어난 이후에서 죽을 때까지의 기간을 가르치는 데 바로 우리가 살아가고 있는 지금으로 우리가 알고 있는 바르도는 이것 뿐입니다. 다른 세 개의 바르도는 우리가 알지 못하는 세계입니다.

둘째, '죽어가는 고통스러운 바르도'는 죽어가는 과정이 시작된 직후부터 '내적인 호흡'이 끝날 때까지 지속됩니다. 이 바르도는 죽음의 순간에 '근원적 광명'이라 불리는 마음의 본성이 떠오르면서 절정에 달하는 것을 말합니다.

셋째, '다르마타'라 일컬어지는 '밝게 빛나는 바르도'는 마음의 본성이 밝게 빛을 내기 시작하는 죽음 이후의 모든 경험을 포함합니다. '밝은 빛'은 소리, 색채, 빛깔을 지닙니다.

넷째, '업에 따라 다시 생성되는 바르도' 는 우리가 환생하는 순간까지 지속되는 시간을 말합니다. [4]

티베트어의 바르도의 개념은 우리가 알고 있는 삶뿐만 아니라 죽음의 범위에 한정 되지 않습니다. 우리는 우리 자신의 삶만 알고 있을 뿐입니다. 죽음의 과정이라든가 죽음 이후에 대해서는 말 할 수 없습니다. 그러나 바르도의 개념은 우리가 살고 있는 바로 지금의 이 삶만이 아니라 죽어가는 과정, 죽음 이후, 다시 태어나는 과

---

4) 오진탁, 전게서, 세종서적. 2007. pp136~138.

정까지 포함해 말하고 있습니다.

이 네 가지 바르도의 개념에 비추어볼 때 죽음은 끝이 아니라는 말은 재론할 필요가 없습니다. 티베트인들은 이처럼 삶과 죽음에 대한 확고한 생사관을 통해 죽음이 끝이 아니라고 보기에 죽음을 두려워하지 않고 자연스럽게 받아드리며 당연히 지나가야하는 하나의 과정으로 받아들인다고 합니다. 그렇기에 그들의 삶은 늘 수도하는 마음으로 오체투지를 마다않으며 마음을 다스리고 지금 이 순간을 소중하게 생활하고 있다고 볼 수 있습니다.

티베트의 바르도는 우리에게 죽음을 준비했을 때와 아무런 준비를 하지 않았을 때 닥치는 것에 대한 차이를 명확하게 가르쳐주고 있습니다. 우리가 살아있는 지금 죽음을 받아들이지 않는 다면 우리의 삶을 통하여 죽음을 맞이하는 그 순간, 그리고 죽음이후에 값비싼 대가를 치르게 되며, 바로 지금의 이 삶에서 죽음을 받아들이지 않는 다면 지금의 삶과 앞으로 다가올 모든 삶이 괴로움과 아픔으로 황폐해져 우리의 삶이 온전하게 살아 갈 수 없으며 바로 그 상태에 갇혀버리고 말 것입니다. 죽음에 대한 무지는 우리를 끝없는 환상의 나락에 빠트리고 생사의 끝없는 순환과 고통의 바다에 빠트리고 말 것입니다.[5)]

우리가 죽음을 제대로 준비한다면 삶과 죽음 모두에 커다란 희망을 갖게 할 것입니다. 바르도의 가르침은 지금 살고 있는 이곳에서 놀랍고도 영원한 자유를 얻을 수 있는 방법을 제시하고 있습니

5) 오진탁, 전게서. 세종서적. 2007. p140

다. 그 자유는 우리의 준비 여하에 따라 우리 자신이 될 수 있는 것입니다. 죽음도 선택할 수 있고 삶도 역시 선택할 수 있는 그런 자유, 죽음을 준비하고 수행을 닦아 죽음의 패배자가 아니라 승리자로 삶의 가장 영광스러운 성취의 순간을 맛볼 수 있는 기회를 놓치지 않았으면 합니다.[6]

태평양의 마리오족들은 인간을 네 가지 요소의 복합체로 보고 있다. 첫째, 토이오라(toiora)라는 신성하고 영원한 원리의 요소. 둘째, 죽으면 사라지는 자아(ego). 셋째, 죽음 후에도 존속하는 유령의 흔적 혹은 심령(psyche). 넷째, 육체로 말하고 있다.

미국의 오클라라 인디언은 신성한 요소를 사칸(sican)이라하고 신성한 본질을 톤(ton)이 라고하며 이것을 동일시 여기고 있다. 또 그들은 자아를 구성하는 요소로 성격인 나기(nagi)와 생명력 있는 영혼을 니야(niya)라고 하는 데 사후에 사칸은 신성한 근본 바탕과 재결합하여 나기는 심령현상인 유령세계에 살고 니야는 물질적 우주로 사라진다고 한다.

이와 같이 영혼의 세계는 동서양을 막론하고 전통적 문화에서 증명하고 있습니다. 그러므로 우리는 우리의 삶에서 죽음을 맞이하는 필멸의 인간임을 인정하고 인류의 지성과 과학으로도 다 설명할 수 없는 현상들이 우주와 자연에 존재함을 기꺼이 인정하며 겸손한 마음을 가져야 하지 않을까?

우리는 운을 하늘에서 타고난 운을 선천운(先天運)이라하고 자신의 선택과 노력으로 창조해가는 운을 후천운(後天運)이라고 하는

6) 오진탁. 전게서, 세종서적. 2007. p140

데 후천운에 의해 삶의 질뿐만 아니라 수명에까지 영향을 줍니다. 최종의 운명은 하늘에 달려있지만 그 세부 운명은 자신의 선택의 권한에 있으므로 스스로의 눈을 밝게 뜨는 것이 중요합니다.

4. 장례는 어떻게 치러지며 어디에 묻힐까?

사람이 죽으면 장례를 치르게 됩니다. 옛날에는 죽음의 장소가 살고 있던 곳에서 죽음을 맞이했지만 오늘날 과학이 발달되고 경제가 발전되면서 죽음의 장소가 가정에서 병원이나 요양원으로 옮아갔습니다. 오늘날은 병원이나 요양원에서 죽음을 맞는 사람이 83%에 달한다고 합니다. 예전엔 장례를 가정에서 마을사람들의 손으로 존엄하게 치러졌지만 오늘날은 장례식장이 있는 병원이나 전문장례식장에서 장례를 치르게 되므로 형식적인 시체처리의식을 하는 것 같아 보여 안타깝습니다.

오늘 날 치러지는 장례의 절차를 간단히 살펴보고자 합니다. 임종을 하면 의사의 사망진단이 내려지고 시신은 냉장보관 되며 그리고 복인(자녀)들은 가족 친지들에게 부(모)의 사망 소식을 예전엔 부고장을 보냈지만 현재는 핸드폰의 문자로 전송합니다.

"000의 부친 0일 0시 사망 00일 입제 00일 발인 장소 000병원 장례실 00호실"

장례의 절차를 3일장 기준으로 살펴보면 다음과 같습니다.

첫째, 먼 거리에서 오는 문상객을 위해 교통안내, 시간표, 안내지도, 고인의 약력 및 자녀조사문 등을 준비합니다.

둘째, 문상객에 대한 경건하고 소박한 상례를 위한 문제를 논의

합니다.

셋째, 가족회의를 통해 가족의 소중함을 일깨우고 반성하는 기회를 갖으며 고인의 유훈에 대한 의견을 나누며 화합을 도모합니다.

이런 준비하는 마음을 다잡은 다음 실제 진행과정을 살펴보겠습니다.

〈첫째 날〉

첫째, 사용할 장례식장을 예약하고 현장을 답사하여 안내를 받는다.

둘째, 자택에서 운명한 경우 장례식장까지 시신을 운구하여야 합니다. 병원인 경우는 병원 장례식장이 있으면 그냥 있을 수 있으나 다른 곳으로 옮기는 경우가 발생 할 수도 있습니다.

셋째, 시신이 장례식장으로 이송되면 시신 보관 장소에 안치를 하고 인식표를 정확히 확인하여야 합니다. 시신이 바뀔 경우가 없도록 보관함의 인식표를 가족들이 정확히 확인해야 합니다.

넷째, 유족은 조문객을 예상하여 확인하고 장례식장의 분향실을 확인하여 장례식장 사용 계약서를 작성하고 사용을 시작합니다.

〈둘째 날〉

첫째, 입관을 하게 됩니다. 입관에는 반드시 사망진단서가 있어야 하며 사고로 사망하였을 때는 검사필증을 제출하여야만 합니다.

둘째, 염습과 입관을 하게 되는데 염과 습을 할 때는 반드시 유족 중 한 사람이 입회를 해야 하고 염과 습이 끝나고 나면 입관을 하게 되는 데 이때 유족들이 마지막으로 사망자를 보게 됩니다.

셋째, 입관이 끝나고 나면 이제부터 제사를 올리고 종교의식을 하게 됩니다.

넷째, 성복제라고 하는 데 입관의식이 끝나면 유족들은 상복을 갈아입게 되고 완장이나 상주, 복인으로서의 표식들을 하게 되고 첫제사를 올리게 됩니다. 첫제사가 끝난 후부터 문상객을 받을 수 있습니다.

다섯째, 장례를 지낼 용품들과 장의차량과 배차 시간을 확인하고 장지에서 사용할 물품들을 확인해야 합니다.

여섯째, 둘째 날을 입제라고 하여 이날 조문객을 받게 되는데 조문객을 받는 요령을 잘 익혀두어야 합니다.

〈셋째 날〉

첫째, 이날을 발인일이라고 합니다. 유족 중 일을 잘 보는 사람을 지정하여 장의차량을 확인하고 움직이는 동선을 유족들에게 자세히 설명해주어야 합니다.

둘째, 발인을 하기 전 먼저 위령제를 지내고 사체를 인수하여 이상 유무를 확인한 다음 발인제를 올리게 됩니다.

셋째, 시신이 든 관을 운반하기 위해 운구조를 사전에 정해 놓고 차량으로 운구하는 일을 할 수 있도록 미리 준비해 두면 좋습니다.

넷째, 장지에서 쓸 제례 물품을 꼼꼼히 챙겨 장의차량에 실어야 합니다.

〈매장의 경우〉

첫째, 산신제가 있고 묘지를 만들 곳의 땅을 파는 일은 천광이라고 하는 데 미리 파놓아야 장지에 도착하여 하관을 하는 예절을 쉽게 할 수 있습니다. 하관을 할 때의 예절은 미리 설명을 들어 놓는 것이 당황하지 않게 됩니다.

둘째, 평토제인데 하관이 끝나면 분묘를 만들기 위한 과정입니다. 이또한 사전에 상부들과 복인들에게 설명을 해주어야 당일 당황하지 않고 참여할 수 있습니다.

셋째, 분묘제(성분제)를 지내게 되는 데 분묘가 완성되면 위령제를 지내게 됩니다.

넷째, 반곡이라 하여 위패와 영정을 들고 집으로 돌아와 영정을 놓을 장소, 옛날에는 상막을 만들어 놓았는데 오늘 날에는 영정을 놓을 제사를 드리는 것을 말 합니다.

〈삼우제(三虞祭)〉

장사를 지낸 뒤 죽은 이의 혼백을 평안하게 하기 위해 지내는 제사를 말하는데 장사 당일에 지내는 제사를 초우라 하고 다음날 아침에 지내는 제사를 재우라 하며 셋째날 아침에 지내는 제사를 삼우라고 합니다. 아침 제사를 지낸 다음 모두가 다시 묘소를 찾게 되는 데 장사 날 분묘가 완전히 되지 않았지만 이날에 산소에 가면 완전한 분묘가 이루어 져 있습니다.

오늘 날에는 장사를 지내고 삼일 째 되는 날 지내는 제사로 되어 있으며 잘못 전달되어 '삼오제' 라고 하는 데 잘못입니다.

위의 절차는 매장을 중심으로 알아보았습니다.

화장일 경우 납골당에 모시는 방법과 유골함을 매장하는 방법, 또는 유골을 산이나 강에 뿌리는 방법, 유골을 나무 밑에 묻는 수목장 방법, 잔디밭에 묻는 잔디장 등의 방법을 살펴보겠습니다.

화장의 경우도 장례식을 치르는 방법은 같고 장지에서의 방법의 차이가 있습니다. 다만 유골을 매장 할 경우는 분묘를 만드는 방법과 평지로 묻는 방법의 차이가 있습니다. 이 때 평지로 할 경우 땅의 깊이는 60cm 정도의 깊이를 파면됩니다.

그리고 유골함을 넣고 평토를 한 다음 비석 또는 푯말을 세우면 됩니다.

납골당에 모실 경우 사전에 납골공원에 예약을 하여야 하고 당일 납골공원에 가면 유골함을 넣을 곳이 정해지면 그 곳에 유골함을 넣고 간단한 위령제를 지내고 귀가하게 되며 반곡과 삼우제는 같은 방법입니다. 삼우제에 납골공원에 갈 때는 사진 같은 것을 가지고 가서 유골함이 들어있는 곳을 장식 할 수 있습니다.

가족공원에 납골함을 위치할 납골묘를 만들어 놓았을 경우는 당일 유골함을 넣을 곳이 가족의 서열에 따라 넣게 됨으로 가족회의를 거쳐 납골묘에 안치하면 됩니다.

다음은 수목장과 잔디장에 대하여 알아보겠습니다. 오늘날 수목장을 전문으로 하는 수목장공원도 있습니다. 이곳은 사전에 계약을 하고 가야 합니다. 전문수목장지에서는 유골함이 도착하면 자세히 알려주기 때문에 안내에 따르면 됩니다.

선산의 산지에 수목장을 할 경우입니다. 우선 사전에 답사하여 수목장을 할 나무를 정한 다음 나무의 뿌리부근에서 약 30-40cm 떨어진 곳에 깊이 40cm 폭 30cm 정도의 구덩이를 파고 유골함에서 문종이에 싸진 유골을 문종이에 잘 싸서 묻게 됩니다. 만약 문종이에 싸서 묻는 것이 좀 그러면 사전에 나무로 된 유골함을 사용하면 됩니다. 그리고 나무에 "000의 나무" "늘 푸른 숲과 함께 000가 이곳에 산다." 등등의 푯말을 붙여주면 됩니다. 아니면 나무 옆에 작은 푯말을 붙여 둘 수도 있습니다.

잔디장은 말 그대로 잔디밭에 묻는 방법입니다. 오늘날 자신의 집 마당가 잔디밭에도 묻는 사례가 종종 있기도 합니다. 이는 육신은 죽으면 흙으로 돌아간다는 것으로 자연으로 돌아가는 육신이 자연으로 잘 돌아 갈 수 있도록 유골함에 넣어 묻는 것이 아니라 바로 흙으로 갈 수 있도록 나무통이나 신문지에 곱게 싸서 묻는 것입니다.

사람이 죽으면 사대 즉 호흡은 바람으로 가고, 피는 물로 돌아가고, 살과 뼈는 흙으로 돌아가고, 체온은 열로 빠져 나갑니다. 자연으로 돌아가는 것이지요. 이렇게 되면 오직 영혼만 남게 되는데 영혼은 영혼의 고향으로 돌아가는 것이지요. 내 삶을 아름답게 하려면 영혼이 고향으로 갈 때 금의환향 할 수 있도록 마음을 닦는 일을 소홀히 해서는 안 될 것입니다. 아름다운 영혼을 위해 오늘을 의미 있고 보람 있는 시간을 보내 보세요.

5. 사랑하는 이를 어떻게 떠나보낼까?

우리가 임종을 맞이하는 사람을 맞이하면 어떻게 해야 하며 무슨 말을 해야 할지 난처한 경험들을 해보았을 겁니다. 임종을 맞이한 당사자는 자신이 살아온 삶에 대한 후회와 정리 때문에 마음이 더욱 급해진다고 합니다.

호주의 호스피스 전문가 「브로니 웨어」가 쓴 「내가 원하는 삶을 살았더라면」에서 죽음을 맞이한 사람들의 공통적인 후회를 다음과 같이 이야기 하고 있습니다.

"첫째, 남의 평판에 신경을 쓰며 산 것. 둘째, 일만하며 인생을 허비한 것. 셋째, '사랑한다.'는 말을 못하고 감정을 억누른 것. 넷째, 친구의 소중함을 깨닫지 못한 것. 다섯째, 행복을 위해 살아보지 못한 것이다."

죽음을 앞둔 사람이 너무나 삶에 대한 애착이 강해 어찌할 바를 모르고 심적 고통을 겪게 됩니다. 그러므로 죽음을 앞둔 사람이 남은 사람들과 진정으로 화해하고 타인에 대한 죄의식이나 마음의 감정을 털어내고 진정한 화해와 용서를 나눌 수 있도록 도와주어 죽음의 순간을 홀가분한 마음으로 맞이할 수 있도록 도와주어야 합니다.

「마태복음 6장15절」에서 "너희가 사람의 잘못을 용서하지 아니

하면 너희 아버지께서도 너희 잘못을 용서하지 아니하시리라."라 하셨습니다. 결코 늦지 않는 시간이 아닙니다. 이 시간은 인생에서 그 어떤 시간보다 길고 소중한 순간입니다.

사랑하는 사람과의 마지막 이별을 고한다는 것은 마음이 참으로 괴롭고 아플 수밖에 없습니다. 그렇다고 죽음을 앞둔 당사자와 마지막 이별의 인사를 나누지 않을 수는 없습니다. 이때 죽음을 앞둔 사람에게 너무 집착하게 되면 안 그래도 힘든 당사자가 더 큰 고통을 겪을 수 있습니다. 또 죽음을 맞이한 사람에게 세상에 대한 미련이 남게 되어 평화로운 죽음을 방해하게 됩니다.

생사학의 전문가인 크리스틴 롱가커(Christine Longaker)는 죽음을 맞이한 사람들은 평온한 마음으로 세상과 이별하기 위해 사랑하는 사람들로부터 두 가지 확인을 받으려고 한다고 합니다.

첫째, 사랑하는 이들로부터 그가 이제는 죽어도 아무런 문제가 없다는 말을 듣는 것이고, 둘째, 당사자가 죽은 후에는 남은 사람들이 그가 걱정할 필요 없이 잘 지낼 것임을 확인 받는 것이라고 하고 있습니다.

이 두 가지가 확인이 되어야 임종자가 눈을 감는다고 합니다. "정말 아무런 문제가 없으니 편안히 모든 것을 남겨두고 떠나라"고 말해주고 진심으로 마음을 나누는 인사를 하는 것이 좋습니다. "이것이 죽어가는 사람과 그를 사랑하는 사람들이 마지막 인사를 나누는 태도"라고 우리나라의 생사학 창시자 오진탁 교수는 그의 저서 「마지막 선물」에서 말하고 있습니다.

임종하는 사람이 살면서 쌓아온 마음의 태도가 다음 생을 결정하는 기준이 된다고 합니다. 티베트에서는 죽기 직전의 당사자의 마음 상태와 몸에 대한 갈망이 중건적인 존재 즉 바르도로 다음 생을 결정하는 근거가 된다고 말하고 있습니다. 죽는 순간 당사자의 마음이 얼마나 중요한가를 말하고 있습니다. 그러므로 임종자가 죽는 순간에 보다 편안하고 긍정적인 마음으로 죽음을 맞이할 수 있도록 도와주어야 합니다. 평소 쌓은 업(業) 때문에 부정적인 카르마를 형성 할 수밖에 없던 사람도 다음 생을 기약할 수 있도록 해야 합니다.

예수가 십자가에 못 박혀 죽을 때 양쪽 옆에 살인강도를 함께 못 박혀 매달았을 때 한 사람을 회개하고 구원을 요청했을 때 용서하고 하늘에서 함께 있을 것이라고 한 내용은 바로 죽기 직전의 임종자의 마음을 잘 말해주는 사례가 아닌가 싶습니다.

그러므로 임종자가 사랑하는 사람들과 사랑과 헌신과 자비심을 가지고 죽을 수 있도록 도와주어야 합니다. 긍정적인 감정과 자비로운 마음이 우러나오도록 주변 환경을 조선하여 임종의 순간 쓸데없는 집착과 번뇌에 빠지지 않고 미련을 버리고 가벼운 마음으로 여행을 떠나도록 도와주는 것이 남은 자들이 해야 할 도리라고 봅니다.

어떻게 죽어가는 사람을 도울 수 있을까? 죽어가는 사람이 원하는 건 역시 살아있는 사람이 원하는 것과 같은 것입니다. 그것은 사랑받고 있다는 것을 인정받는 것입니다. 임종의 순간에 자신이 삶을 잘 살았다는 것을 가족과 친지들로부터 인정받는 것은 얼마나 좋겠습니까?

죽어가는 사람을 돕는 방법에 대하여 많은 사람들이 말하고 있는데 이것을 정리해보면 다음과 같습니다. 첫째, 환자가 중요한 문서의 정리와 유언장을 작성할 수 있도록 도와주어야 합니다. 둘째, 환자가 특별히 만나고 싶은 사람이 있다면 만날 수 있게 도와주어야 합니다. 셋째, 환자가 마지막 순간에 대해 특별히 소원하는 것이 있다면 될 수 있는 대로 이루어 질 수 있도록 도와주어야 합니다. 넷째, 비교적 신체적으로 편안한 환자는 집에서 죽는 것을 원합니다. 그러므로 될 수 있는 대로 집에서 가족과 함께 임종을 맞이 할 수 있도록 도와주어야 합니다. 다섯째, 통증이 심한 환자는 가능하면 호스피스 병동이나 말기 환자를 위한 적당한 곳을 찾아주어 임종을 맞이할 수 있게 도와주어야 합니다. 여섯째, 환자가 듣고 싶은 이야기에 집중하고 특히 종교를 가지고 있으면 경전과 찬송을 들려주고 환자의 말에 공감을 갖고 경청해 주어야 합니다.

임종자의 곁을 지켜주어야 합니다. 죽어가는 사람은 정서적으로 극도로 혼란한 상태를 겪게 됩니다. 임종자가 원하는 대로 모든 것을 들어 주어야 합니다. 임종자가 손도 잡아주고 이마에 입맞춤도 해주고 또는 가벼운 포옹도 해며 지그시 슬픔을 참고 평화롭고 담담하게 떠나는 사람을 지켜봐 주어야 합니다. 특히 운명의 순간에 도달 했을 때 임종자의 감정이 흔들리지 않도록 주의해야 합니다.

호스피스 관계자들의 말에 의하면 임종자들이 마지막 순간 자신의 감정을 흔들 수 있는 사람은 보지 않도록 해 달라고 합니다. 임종자가 생을 마무리하고 편안한 여행을 떠나게 도와주어야 합니다. 물론 임종자와 마지막 정을 나누며 눈물을 흘리고 사랑의 마음을 전하여야 하지만 마지막 순간만은 모든 정리를 마무리 하도록 해야 합니다.

죽어가는 사람은 사랑하는 사람들로부터 듣고 싶어 하는 것이 있다고 합니다. 그것은 첫째, 그가 죽어도 된다는 허락을 받고 싶어하고. 둘째, 그가 죽은 이후에 남아 있는 사람들이 잘 지낼 수 있으며 아무것도 걱정할 필요가 없다는 것을 확인 받고 싶어 합니다. 삶에서 자신이 해야 할 일을 완수했다는 것을 확인 받고 싶은 것이지요.

우리가 죽음을 준비하는 것 못지않게 다른 사람의 죽음을 돕는 것도 매우 의미 있는 일입니다. 새로 태어났을 때 우리가 무력한 존재여서 다른 사람의 보살핌을 받았듯이 우리가 죽어갈 때 역시 자신을 돌볼 수 없음은 마찬가지입니다. 그래서 임종 순간에 다른 사람의 도움이 필요한 것입니다.

6. 존엄한 죽음이란

존엄한 죽음이란 임종 무렵에 국한되는 것이 아니라 삶의 전 과정 속에서 인식하는 죽음에 적용됩니다. 삶의 마지막을 보다 평온하게 인간적으로 맞는 의미를 포함하여, 죽음을 성찰하는 삶 속에서 죽음의 존엄함이 드러나야 합니다.

생명이 신비롭고 존엄하듯이 죽음 또한 신비롭고 존엄합니다. 죽음은 악이 아니라 생명과 함께하는 성스러운 자연의 이치입니다. 탄생과 죽음의 엄정한 이치를 경건하게 성찰하여 받아들일 때 삶도 죽음도 존엄해 질 수 있습니다.

존엄한 죽음은 첫째, 살아있을 때 죽음을 내다보는 죽음 준비 문화가 생사관을 구체화하는 것이라고 봅니다. 둘째, 생의 마지막 순간에 대처하는 임종문화가 철학적, 종교적, 성찰이 인간의 죽음을 존엄하고 평온하게 지켜주는 정신적 구체적 가치를 결정할 것입니다. 셋째, 죽음 이후에 남은 자들이 대처하는 죽음의례문화가 존재의 영속성을 추구하는 생사관을 통해 죽음의 존엄성을 살펴볼 수 있습니다.

우리 문화에서는 저승 옷, 머능 옷, 시집 갈 옷 즉 '수의'를 준비해 두는 풍습이 오늘 날까지 전해져 오고 있습니다. 수의를 준비해 두는 것은 부모의 무병장수 기원하는 의미도 있습니다. 수의는 바느질에 있어서 뒷 바느질, 마무리 매듭짓지 않습니다. 뿐만 아니라 목재를 구해 미리 관목을 준비해두며 옻칠해 두기도 하는 데

옻칠은 홀수로 하며 또는 가묘 준비하거나 묏자리 보아 둠으로써 자신의 삶에 대한 깊은 성찰을 해 왔습니다. 자신이 어떻게 삶을 마감하리라는 예측은 죽음을 대하는 자세에도 큰 영향을 미치게 됩니다.

조상들은 항상 죽음이 삶과 함께 있다고 생각해 온 것 같습니다. 그래서 이승과 저승을 낯설지 않게 연결하여 '사람 죽어 나가지 않은 안방 없다.' '죽어서 조상 볼 면목 없다.' 저승을 '모랭이 돌아선 곳에 있다.' '집 밖에 죽음이 기다리고 있다.'는 등의 이야기들은 생사문제를 우주의 탄생과 함께 다루며 우주적인 생명과 인간의 생명이 유기적임을 거론하고 있습니다.

「진도 다시래기」 굿에서 나오는 '전생의 무슨 죄를 지었기에'라는 말에서 보듯이 죽음은 곧 새로운 탄생과 연관된다는 내세관이 죽음의 문제를 성찰하도록 이끄는 가르치고 있습니다.

탄생에서부터 임종문화와 장례의식 그리고 사후의 관계와 사후생에까지 인간적인 삶을 살고 마무리하느냐가 존엄한 죽음 즉 존엄한 삶이 되는 것이라고 봅니다.

죽음 문화가 없는 우리 사회는 참으로 불행 합니다. 부모님의 위독한 상황에서 가족들이 우왕좌왕 할 때 호스피스활동을 하던 친구동생의 이야기로 부모님의 마지막을 잘 맞이하도록 한 사례입니다.

아버님이 운명하시기 전 중요한 결정을 앞두고 어떻게 해야 할지 당혹스러운 모습으로 우왕좌왕 할 때였다. 그 순간 병원에서 말기 환자들의 호스피스 활동에 다년간 몸담았던 여동생 친구가 나에게 이런 조언을 했다.

“세상에서 가장 피하고 싶은 죽음은 중환자실에서 외롭게 숨을 거두는 일이라고 생각합니다. 중환자실에 들어가면 가족 중 1명만 극히 제한적으로 입실이 허용되기 때문에 마지막 순간에 가족들과 함께 할 수가 없습니다. 또한 산소 호흡기를 쓰면 나중에 환자를 위해 제거하고 싶어도 그렇게 할 수가 없죠. 돌아가실 때까지 의료기기에 의한 가혹한 연명 치료가 이어집니다. 그래서 중환자실 대신 1인실로 옮겨서 무리한 연명치료 없이 모든 가족들이 지켜보는 가운데 편안하게 운명하실 수 있도록 해야 합니다.”

이런 말을 들은 환자의 가족들은 그 자매님의 충고에 따르기로 결정했고. 그래서 주치의가 심폐소생술이나 인공호흡, 인위적 영양 공급 등 연명치료 여부에 관해 물었을 때 가족들은 주저함 없이 그렇게 하지 않겠다고 소정서식에 서명할 수 있었습니다.

무사히 장례식이 끝나고 나서 유족들은 모두가 참으로 잘한 결정이었다고 그 자매에게 고마워했다고 합니다.

‘안락사와 연명치료 중단의 윤리성’ 같은 예민한 사안이 법적문제로까지 이어지고 있는 것도 이에 대한 사회적 관심이 높아지고 있기 때문입니다.

아툴 가완디가 저술한 '어떻게 죽을 것인가?'라는 책을 통해 우리에게 주는 메시지는 오늘날 우리는 가능한 한 오래 살기를 꿈꾸며, 현대 의학은 바로 그 '생명연장의 꿈'을 실현하는 데 거의 모든 역량을 집중하고 있습니다.

고도의 기술을 필요로 하는 외과 수술, 화학요법, 방사능 치료

등으로 대변되는 의학적 처치들의 궁극적인 목적은 그 모두가 죽음을 미루고 생명을 연장하려는 현대 의학의 꿈이며 노력인 것입니다. 하지만 그 모든 노력에도 불구하고 피할 수 없는 진실은 우리 모두 종국에는 죽는다는 것입니다.

인간 개개인의 삶에는 한계점이 있습니다. 아니 인간 뿐 아니라 생명 있는 모든 것의 종착역은 '죽음'입니다. 아무리 눈부신 의학의 발달로 노인들의 삶을 전반적으로 연장시켜 주었지만 그것은 노인들의 "기능적 나이"가 연장된 것일 뿐 노령화가 중단된 것은 아닙니다.

늙음, 나이 먹는다는 것, 자체가 질병을 불러오고 반대로 병에 의해 노령화가 빨리 진행될 수도 있습니다. 하지만 그보다 중요한 것은 질병에 걸리지 않아도 육체는 계속 나이를 먹는다는 사실입니다. 어차피 노령화는 피할 수 없는 필연이며 결국 죽음에 이를 수밖에 없습니다.

아툴 가완디의 문제의식은 바로 이런 사실에 근거했습니다. 'Being Mortal'이라는 원제에서도 알 수 있듯이 우리 모두가 언젠가는 반드시 죽을 수밖에 없는 존재라면 대체 무엇을 위해 끔찍하고 고통스러운 의학적 싸움을 벌여야 하는지 묻고 있는 것입니다. 그런 싸움에서 우리는 얻는 것보다 잃는 것이 많다는 사실입니다.

육체는 손상되고 정신은 혼미해진 상태에서 마지막에는 가족과 작별의 인사 한마디 하지 못한 채 차가운 병실에서 죽어 간다면 그 모든 것을 희생한 대가로 우리가 얻을 수 있는 것은 고작 몇 개월에서 1~2년 정도의 생명 연장에 불과합니다.

이런 환경 속에서 고작 얻은 짧은 시간 동안 남은 삶을 위해 할 수 있는 것이 아무도 없다는 점입니다. 그저 혹독한 치료에 따른 고통에 허우적거릴 뿐입니다.

그렇다면 오늘날 우리가 노령화나 치명적인질병에 걸려 죽어 갈 때 취할 수 있는 다른 선택은 없는 걸까요?

죽음 자체는 결코 아름다운 것이 아니지만, 인간답게 죽어 갈 방법이 있다고 「아툴 가완디」는 말하고 있습니다.

노년의 삶의 질에 대한 집중적으로 파헤치는 데는 이유가 있습니다. 죽음을 미루는 데만 매달릴 것이 아니라 '남은 삶' 어떻게 살 것인가에 초점을 맞춰야 하기 때문입니다.

인간다운 마무리, 아름답고 존엄한 임종이란 바로 여기서 시작되는 것입니다.

이제 우리 사회도 '죽음의 질' 문제를 떳떳하게 공론화 할 때가 되었습니다. 죽음의 단계가 보건의료정책의 중요한 부분이라는 인식부터가 필요합니다.

'죽음의 질'에 있어 가장 높은 평가를 받고 있는 영국은 죽음을 앞둔 환자가 삶의 마지막 시기를 집에서 가족과 함께 맞이할 수 있도록 돌봐주는 제도를 운영하고 있습니다. '종말간병 간호사(Terminal Care Nurse)'제도라고 하는데, 그 비용을 국가가 전액 지원하고 있다는 점에 주목할 필요가 있습니다.

평생을 의료인으로 살았던 고 「노경병」 박사는 환자 수술을 하다 본인이 C형간염에 걸렸습니다. 의사인 아들이 간 이식을 권했지만 오래 사는 게 중요하지 않다며 거부했습니다. 이때부터 노 박사는 '죽는 건 나니까 그 방식은 내가 정하겠다.'는 오랜 신념에 따라 노 박사는 심폐소생술· 인공호흡 등 어떠한 연명의료를 하지 말 것을 당부했습니다. 그리고 그를 아는 모든 지인들에게 그동안 고마웠다고 일일이 전화를 했으며. 아끼던 물건이나 재산은 교회나 학교에 기부했습니다. 임종 열흘 전 마지막 입원 때 고통 받고 싶지 않다며 재차 연명치료를 못하게 확인을 하고, 아들의 손에 자신의 손을 포갠 상태로 "나는 행복하다. 감사하게 살다 간다."라는 말을 남기고 79세의 나이로 편안하게 운명했습니다.

「알베르트 아인슈타인」은 이스라엘 건국 기념을 축하하는 연설문을 작성하던 중 복부대동맥류로 병원에 입원했습니다. "내가 원하는 때 가고 싶다. 인공적으로 생명을 연장하는 것은 부질없는 짓이다. 할 만큼 했으니 이제 가야 할 시간이다. 품위 있게 죽고 싶다." 이런 말을 하면서 수술을 거부하고 생을 마감했습니다. 이때 그의 나이 76세였습니다.

우리도 완화 진료비용의 일부를 건강보험에서 지원하거나 은퇴한 간호사 등을 재교육시켜 임종전문 인력으로 활용하는 방안도 고려해봐야 할 것입니다. 의과대학에서도 완화 진료를 반드시 이수하도록 하며 아울러 품격 있는 죽음을 가르치는 '웰 다잉(well-dying)' 전문가를 길러내는 사업에 국가가 주도적으로 나서고 민간 단체가 적극적으로 동참해야 할 것입니다.

죽음을 앞 둔 사람들이 어떤 식의 죽음을 맞고 싶다고 의향을 미리 밝혀두는 '사전연명의료의향서' 작성 운동도 체계적으로 추진해야 합니다.

아름다운 마무리가 그 사람이 살아온 삶을 더 의미 있게 만들어 주며 가족과 친지들의 사랑 가득한 보살핌 속에서 평화롭게 삶을 마무리하는 문제가 얼마나 중요한 것인지는 연로한 부모를 둔 모든 가족의 공통관심사가 아닐 수 없습니다.

죽음 앞에서 인간의 존엄과 의학의 한계를 고백한 「아툴 가완디」의 메시지 역시 '아름다운 죽음은 없어도, 인간다운 죽음은 있다.'는 것으로 요약됩니다.

인간다운 존엄한 죽음에 대한 인식과 이를 뒷받침하는 사회적 지원제도는 아무리 강조해도 지나치지 않을 것입니다. 이미 초고령화 사회로 접어든 우리나라가 국가적 차원에서 추진해야 할 복지정책 중 이보다 더 시급하고 중요한 문제가 아닐 수 없습니다.

건강한 생활을 위한 여러 가지 실천 내용들은 많이 알려지고 있으며 많은 사람들이 건강을 위한 실천을 실행하고 있습니다. 소식(小食), 적절한 운동, 영양섭취, 면역력 증가 등의 생활습관을 길러 노후의 건강한 생활에는 노력하고 있지만 죽음 준비는 하지 않고 있습니다. 생활 속에서 건강을 챙기듯 죽음 준비도 평소에 늘 해야 할 것입니다. 불교에 '돈오점수(頓悟漸修)'라는 말이 있듯이 먼저 죽음을 생각하고 점진적으로 삶을 살아가는 것도 괜찮은 방법이 아닐까 생각합니다. 죽음을 성찰하면 어떻게 살아야 할지를 알 수 있기 때문입니다.

7. 우리 사회 죽음 정의(定義)가 없다

죽음에 대한 개념 정의는 중요한 의미를 지닙니다. 죽음은 물화(物化)되고 양화(量化)되는 현상이 심화되고 있으며 여유 있는 임종 모습을 찾아보기 힘들어졌습니다.

오늘날 우리 사회는 육체중심으로 죽음을 이해하며 정의하고 있습니다. 심폐사와 뇌사는 죽음판정의 육체적 기준일 뿐으로 의학적 죽음 정의만 존재하고 있을 뿐입니다. 죽음정의는 영혼의 존재 문제라든지 사후세계 문제 등 철학적, 종교적으로 폭넓게 접근해야 바람직한 죽음 규정을 위한 노력이 필요한 시기입니다.

죽음은 육체적 지속성이 끝나고 몸의 소멸로 보며, 법률적으로 죽음을 정의하면 사회적 존재의 소멸이라고 보는 우리 사회는 의학뿐만 아니라 철학이나 생명윤리가 필요한 이유입니다.

인간존재는 육체적, 감정적, 지적, 영적 4가지 측면으로 구성되어 있습니다. 그러므로 '죽음정의' 역시 육신에만 초점을 맞추는 것은 바람직하지 않습니다. 죽음을 육체의 측면에서 본다면, 육체의 죽음은 분명 있는 것입니다. 그러나 영적인 차원에서 죽음을 바라보면 죽음은 육체의 죽음일 뿐이고 육체로부터 영혼이 떠나는 것입니다. 죽음은 단지 육체의 죽음 일뿐 끝이 아님을 분명히 안다면, 죽음은 더 이상 존재하지 않는다고 말할 수 있습니다.

그러므로 생사학의 입장에서 본다면 우리 사회의 죽음은 두 가지 이유에서 존재하지 않습니다. 첫째, 죽음정의에 대한 논의를 심폐

사나 뇌사 같은 죽음판정 기준이 대신하고 있으므로, 우리 사회에 죽음판정 기준에 대한 논의만 있을 뿐 죽음 정의, 죽음에 대한 바른 이해는 존재하지 않는다고 봅니다. 둘째, 죽음이란 육체의 죽음에 불과하고, 죽음의 순간 육체로부터 영혼이 분리되어 다른 세상으로 여행을 떠나므로, 영혼은 죽는 것이 아닙니다. 육체의 차원에서 보면 죽음은 존재하지만, 영혼의 차원에서 보면 죽음은 존재하지 않습니다.7)

생사학의 창시자이며 의사인 엘리자베스 퀴블러 로스 박사는 말했습니다. "여러분의 몸은 헝겊으로 만든 번데기와 마찬가지입니다. 죽음에 의해 여러분의 영혼은 이 육신으로부터 벗어나 저 나비처럼 예쁘게 날아서 천국으로 올라가는 것입니다. 죽음은 결코 끝이 아닙니다. 육체란 단지 우리가 죽음을 겪을 때까지 일정기간 머무르는 집에 지나지 않는다."8)

인간의 삶과 죽음, 생명 혹은 영혼의 문제처럼 보다 큰 차원에서 죽음은 진정 무엇을 의미하는지, 인간으로서 존엄한 죽음은 어떤 죽음이어야 하는지에 대해 먼저 심사숙고해야 합니다. 삶은 죽음과 나누어져 있는 것이 아니라 불이(不二)의 관계이기 때문입니다. 죽음을 끝으로 보느냐 아니냐에 따라서 삶의 태도가 달라집니다.

스위스 심리학자 융도 말했습니다." 나는 죽음을 지향하는 목표를 설정하는 것이 정신위생상 유익하다고 본다. 죽음을 불길한 것으로 여기는 것은 인생의 후반기를 무의미하게 만들어버릴 수도 있

7) 오진탁, 삶 죽음에게 길을 묻다. 종이거울. 2010. pp32-33
8) 알폰서 데켄. 오진탁역. 죽음 어떻게 맞이할 것인가. 궁리. 2002. p239

다는 점에서 건강하지 못하고 병적이라고 믿는다." 사후 생명의 존재를 믿는 편이 정신위생상 중요한 역할을 한다고 지적하고 있습니다.[9)]

얼마 전에 돌아가신 교황 요한 바오로2세도 말했습니다. "내가 죽어도 전부 없어지는 것은 아니다. 내 안에는 소멸될 수 없는 것이 있다. 죽음이란 어둡거나 모호한 것이 아니고 모든 것이 사라지는 것도 아니라. 죽음은 사람에게 최후로 찾아오는 명백함, 눈부신 빛이다."[10)]

독일의 문호 「괴테」도 말했습니다. "죽음이란 해가 지는 것과 마찬가지이다. 우리의 눈으로부터 벗어나 볼 수 없게 되더라도 태양은 지평선을 향해 조금도 변함없이 빛나고 있다. 우리의 생명 또한 마찬가지로 죽은 뒤에도 변함없이 계속 존재한다. 내세에 대한 희망을 지니지 못한 사람은 이미 이 세상에서 죽어있는 셈이다."[11)]

사실, 죽음이 끝이냐 아니냐 하는 문제는 제3자에 의해 설명되거나 설득되는 문제라기보다는 많은 시간을 두고 스스로 사색해보고 노력해서 얻는 어떤 결론이라고 말할 수 있습니다. 스스로 확신하게 되기까지는 나름대로의 시간이 필요하다고 봅니다.

퀴블로 로스 박사는 "죽음이 끝이 아니라는 것은 종교나 믿음의 문제가 아니라 앎의 문제 사실의 문제"라고 말하고 있습니다. 결국 죽음에 대한 바른 이해는 미래와 관련된 문제가 아니라 지금 바로 이곳에서의 인생과 관련된 문제이기 때문에 중요하다는 것입니다.

---

9) 오진탁. 마지막 선물. 세종서적. 2007. p141
10) 오진탁, 상게서 . 세종서적. 2007. p142
11) 오진탁 ,전게서. 세종서적. 2007. p143

우리 사회에서 사람들이 왜 이토록 죽음에 대한 거부감이 심한 것인지, 불행하게 죽어가는 사람이 왜 그렇게 많은 것인지, 그리고 자살사망률이 급증하는 원인이 무엇인가. 다른 여러 가지 원인도 작용하지만 그 근원에는 죽음에 대한 오해, 육체 중심의 인간이해와 죽음정의가 오해의 근원으로 자리 잡고 있습니다.[12] 인도 뉴델리 태생의 하버드대 의학박사 출신인 「디팩 초프라」도 그의 저서 「죽음이후의 삶」에서 육체적 생명을 끝내는 것이 곧 죽음이라는 식으로 죽음을 정의하는 것은 분명 문제가 있다고 지적하고 있습니다. 우리는 의식의 영역을 보다 확장시켜야 우리 자신뿐만 아니라 죽음을 보다 잘 이해할 수 있습니다. 죽음을 육체적 관점으로만 보지 말고 보다 깊이 영혼, 영성의 문제로 바라보아야 하며 이러한 죽음방식이 보다 성숙되지 않는다면 우리 삶의 질과 죽음의 질은 결코 올라갈 수 없을 것입니다.

노년이 되면 끈질기게 따라붙는 것이 죽음입니다. 죽음은 인간의 삶을 완성시키기 위한 조물주의 위대한 선물입니다. 그래서 죽음은 우리에게 더 잘 살아 갈 수 있도록 기준을 잡아주는 동기가 되는 것입니다. 우리는 죽음을 끝이라고 말하는 사람들이 많은 데 죽음은 끝이 아니라 삶의 완성으로 보는 지혜가 바로 선(禪)입니다.

죽음을 천화(天化)라 했습니다. 즉 하늘이 되었다 라고 하는 데, 이는 하늘이 생명의 근원이기 때문이며 하늘의 속성은 곧 텅 빔으로 마음의 본성이기 때문입니다.

모든 애벌레가 나비가 될 수 있듯 모든 인간은 완성 될 수 있는

12) 오진탁, 전게서. 세종서적. 2007. p142

씨앗을 가지고 있는데 그 씨앗이 곧 영혼입니다. 성공 즉 인간의 완성을 넘어 영원성에 이르려면 죽음의 순간 진정한 마음의 평화를 얻어 대자유를 얻는 것입니다. 이것이 육체중심의 삶에서 벗어나 영혼 중심의 삶을 사는 것입니다. 곧 우리가 살아야 하는 이유이며 근거인 것입니다.

8. 새로운 죽음 문화를 위한 제안

세계보건기구에서는 인간의 건강 개념을 (1) 육체적 건강 (2) 사회적 건강 (3) 정신적 건강 (4) 영적 건강. 이렇게 네 가지를 제시하고 있습니다. 이것은 지금까지 육체중심의 건강관리에서 벗어나 영혼의 성숙 즉 영적측면에서도 건강해야 한다는 것이지요. 이것은 죽음의 정의에서도 똑 같이 적용된다고 봅니다. 그러므로 죽음의 정의도 육체중심의 정의에서 벗어나 영적인 문제도 포함시켜야 한다는 것입니다.

최근 안락사와 연명치료의 중단에 대한 관심이 높아져 가고 있는 현실에서 이런 논란의 문제 해결을 위해 한림대 오진탁 교수는 그의 저서 「마지막 선물」에서 세 가지 제안을 하고 있는데 이를 요약 하면 다음과 같습니다.

"첫째, 죽음 준비교육은 남녀노소 가리지 않고 실시하여야 하며 어떤 것이 인간다운 죽음인가에 대한 교육을 실시해야 한다. 둘째, 무의미한 연명 치료의 중단을 위한 '사전연명의료의향서'의 서명, 존엄한 죽음을 위한 선언 등의 행동중심교육이 필요하다. 셋째, 누구나 편안한 죽음을 맞이할 수 있도록 호스피스 제도의 활성화에 대한 대책과 활용방법에 대한 교육이 필요합니다."

외국의 유명한 학자들이 주장하는 죽음준비교육 내용을 소개하고자 합니다. 알폰스 데켄 교수의 죽음준비 교육의 목표 15가지는 다음과 같습니다. (1) 임종과정에 대한 이해 (2) 죽음에 대해 더 많이 생각하기 (3) 상실과 슬픔에 대한 교육 (4) 죽음에 대한 두려움 줄이기 (5) 죽음에 대한 금기 없애기 (6) 자살 예방하기 (7) 암 환자에게 사실 그대로 말해주기 (8) 죽어가는 과정에서 야기되는 윤리문제 다루기 (9) 법의학적인 문제 파악하기 (10) 장례방식 미리 생각하기 (11) 삶의 시간의 소중함 발견하기 (12) 죽음을 긍정적으로 바라보기 (13) 죽음에 대한 자기 철학 형성하기 (14) 죽음에 대해 종교적으로 해석하기 (15) 사후 세계의 가능성 생각하기

레비턴 교수는 죽음준비 교육의 목표를 7가지로 제시했습니다.
(1) 죽음에 대한 터부 해소 (2) 죽음을 앞둔 사람들과의 의미 있는 교류 (3) 죽음에 대한 두려움 해소 (4) 유가족의 슬픔을 이해하고 위로 (5) 자살충동의 예방 (6) 사회가 생사관을 어떻게 형성하는지 공부 (7) 다른 문화의 생사관 이해

베커 교수는 첫째, 초·중등·대학의 죽음준비 교육과 평생교육으로서의 죽음준비 교육을 시켜야 하며, 둘째, 전문가를 위한 죽음준비 교육을 실시해야 한다고 주장하고 있습니다.

한국의 생사학 창시자라고 할 수 있는 한림대 오진탁 교수는 그의 저서「마지막 선물」에서 웰다잉을 위한 7가지 실천사항을 다음과 같이 제시하고 있습니다.

1단계 : 죽음방식을 스스로 묻고 답하기로 죽음은 4가지 점에서 만인에게 평등하다. 첫째, 사람의 평등 즉 누구나 죽는다. 둘 째, 시간의 평등 즉 언제든지 죽을 수 있다. 셋째, 장소의 평등 즉 어디서든지 죽을 수 있다. 넷째, 예측불가능성의 평등 즉 누가 언제 어디서 어떻게 죽을지 정해져 있지 않다. 그러므로 다음 두 가지 질문에 어떻게 답할 수 있는가를 묻고 있다. 첫째, 나는 어떤 사람인가, 어떤 삶을 살았는가? 둘째, 나는 죽을 때 마음의 흔들림 없이 평화로웠는가?

2단계 : 리빙 윌(Living Will)이나 '사전연명의료의향서'에 서명하기로 무의미한 연명의료 중단을 요구하면서 자연스럽게 죽음을 맞이하겠다는 의지를 확실히 표명해 두기 위해 '리빙 윌' 선언이나 '사전연명의료의향서'를 문서로 작성해 두거나 평소 가족들에게 충분히 이야기 해두어야 한다.

3단계 : 다른 세상으로 여행을 떠날 준비로 삶이 1개월 정도 남았다면 자기 삶에서 가장 소중한 일이 무엇인지 심사숙고 해보자. 남은 1개월이 삶의 시간이기도 하지만 죽음준비 시간이기도 하기 때문이다.

4단계 : 장례 방식과 장기기증 여부 결정하기로 장례방식은 매장, 화장, 수목장, 등의 다양한 방식 중 자신이 원하는 방식을 미리 정하여 가족에게 알려 주며, 장례식의 분위기와 초청할 사람도 미리 준비해 주는 것과 장기기증도 죽은 뒤 자신의 육신 중에서 사용 가능한 장기를 필요로 하는 사람에게 기증할 것인지를 미리 결정 해두자는 것이다.

5단계 : 유서쓰기로 유서는 심사숙고하여 쓰되 첫째, 삶의 회상과 마무리로 인간관계, 법적, 경제적 문제를 명확히 해두며, 둘째, 자신의 죽음이해, 셋째, 자기의 죽음 방식으로 '리빙 윌'이나 '사전연명의료의향서'등이며, 넷째, 장례방식 결정과 장기기증 결정이며, 다섯째, 가족, 친지, 가까운 사람에 대한 작별인사이다.

6단계 : 사랑 나누기로 매일 감사하는 마음으로 봉사하는 생활을 하자는 것으로 '잘 살아야 잘 죽는다.'는 말의 의미를 새겨보자는 것이다. 즉 영혼의 성숙으로 지혜의 발현과 사랑의 실천을 의미한다.

7단계 : 웰다잉을 위한 명상 실천하기로 아침 기상 시간이나 저녁 취침 직전 등 일정한 시간을 정하여 죽음 치유를 위한 명상을 규칙적으로 수행하는 것이다.

자신의 삶을 아름답게 마무리하고자 하는 마음을 갖고 있지 않은 사람은 없을 것입니다. 그러나 죽음이 언제, 어디서, 어떻게 찾아올지 모르고 또 우리는 나에게 죽음이 찾아오리라는 생각을 하지 않고 살아가고 있는 현실입니다. 갑자기 찾아오는 죽음에 대해 아무도 준비하고 있지 않기 때문에 죽음을 맞이하면 당혹스럽고 어찌할 바를 모르고 있습니다.

「키우리」라는 영국의 두 아이의 엄마가 세상을 떠나기 전에 남긴 이야기입니다. 그녀는 향년 36세로 대장암 4기 진단을 받은 후, 간과 폐로 전이되어 25회 방사선 치료와 39번의 화학 요법 치료도 견뎌냈지만, 끝내 사랑하는 가족 및 친지들과 이별했습니다. 그녀가 남긴 마지막 블로그에 "눈물이 나도록 살아라"라는 제목으로 남긴 내용은 우리에게 긴 여운을 줍니다.

"살고 싶은 나날이 저리도 많은데, 저한테는 허락하지 않네요. 그런데, 아니더라고요. 귀한 시간 낭비라는 생각이 들었어요. 장례식 문제를 미리 처리해놓고 나니, 매일 아침 일어나 내 아이들 껴안아주고 뽀뽀해줄 수 있다는 게 새삼 너무 감사하게 느껴졌어요. 얼마 후 나는 그이의 곁에서 잠을 깨는 기쁨을 잃게 될 것이고, 그이는 무심코 커피 잔 두 개를 꺼냈다가 커피는 한 잔만 타도된다는 사실에 슬퍼하겠지요. 딸아이 머리 땋아줘야 하는데..., 아들 녀석 잃어버린 레고의 어느 조각이, 어디에 굴러 들어가 있는지는 저만 아는데 그건 누가 찾아줄까요. 6개월 시한부 판정을 받고 22개월 살았습니다. 그렇게 1년을 더 보너스로 얻은 덕에 초등학교 입학 첫날 학교에 데려다 주는 기쁨을 품고 갈 수 있게 됐습니다. 녀석의 첫 번째 흔들거리던 이빨 빠져 그 기념으로 자전거를 사주러 갔을 때는 정말 행복했어요. 보너스 1년 덕분에 30대 중반이 아니라 30대 후반까지 살고 가네요. 중년의 복부 비만이요? 늘어나는 허리둘레, 그거 한번 가져봤으면 좋겠습니다. 희어지는 머리카락이요? 그거 한번 뽑아봤으면 좋겠습니다. 그만큼 살아남는다는 얘기잖아요. 저는 한번 늙어보고 싶어요. 부디 삶을 즐기면서 사세요.

두 손으로 삶을 꼭 붙드세요. 여러분이 부럽습니다."

시한부 삶을 산다는 것은 참으로 힘든 시간입니다. 그렇기에 그녀는 '살고 싶은 나날이 저리도 많은 데'라고 첫머리에 썼습니다. 얼마나 삶이 소중한가를 말하고 있습니다. 그러나 우리는 그 소중한 삶을 어떻게 보내고 있습니까?

우리는 매일 죽고 새로 탄생하고 있습니다. 그래서 오늘 하루가 새롭고 지금 이 순간이 소중한 것이 아닙니까? 강에 흐르는 물은 어제의 물이 아니고 오늘 흐른 물이 내일 또 흐르지 않습니다. 강물은 늘 흘러가지만 어제와 같은 물이 없고 오늘과 같은 물은 없습니다. 그래서 어제의 나는 이미 죽었고 오늘의 나는 저녁이면 사라지고 내일 다시 탄생하는 것이기에 아침은 맑고 저녁은 어두운 것이 아닐까요? 조물주는 인간에게 매일 새로운 삶을 살아갈 수 있도록 아침과 저녁을 선물해준 것이 아닌가 싶습니다. 지금 여기에 충실하고 매일 매일을 마지막인 것처럼 살아간다면 다툼도 없고 욕심도 없고 내 삶을 아름답게 만들기 위한 영적 성장을 위한 명상 죽음명상을 매일 매일 하며 새아침이면 새로운 탄생에 감사하고 오늘을 마무리하는 마음으로 삶을 매일 마무리하며 소중한 시간을 살아가지 않을까 생각합니다.

9. 죽음은 어디서 왔나?

내몽고 홍안령산맥 일대에 살고 있는 소수민족인 어룬춘(Oroqen)족의 신화입니다.

옛날부터 전해오는 말에 따르면 인간은 본래 천신 언두리마파가 가져온 거석 다섯 개로 빚은 돌사람이었습니다. 천신이 석인(石人)의 두 눈을 어루만지자 눈동자가 움직이기 시작했고, 콧구멍을 뚫자 후각이 생겨났다. 턱과 목을 어루만지자 자유롭게 움직이기 시작했고 배꼽은 만지지 않아서 아무 쓸모가 없게 되었습니다.

언두리마파는 다섯 석인의 옆구리를 손바닥으로 쳐서 자국을 남겼습니다. 사람의 늑골은 이렇게 해서 만들어졌다고 합니다. 다섯 석인은 천신을 떠나 함께 생활을 시작했습니다. 그런데 석인은 죽지 않으므로 지상에 인간이 넘쳐났습니다. 그래서 언두리마파는 손으로 치고 발로 차서 석인들을 모두 죽여 버렸습니다. 그런 다음 천신은 이번엔 흙으로 사람을 빚어 만들었습니다. 흙은 돌처럼 단단하지 못하여 죽음이 생겨났습니다. 라고 전해지고 있습니다.

다음은 네팔 구릉족(Gurkhas)에 전승되는 옛날이야기입니다. 13)

옛날 아주 가난한 나무꾼 노인이 살고 있었습니다. 노인은 어느 날 땔감을 한 지게를 해서 집으로 돌아오다가 잠시 쉬었다가 다시

13) 백개의 아시아1, 김남일, 방석현. 아시아. 2014

지게를 지고 일어나려고 하자 지게가 꼼짝도 하지 않았습니다. 노인은 힘들다고 투덜대며 '죽음은 뭘 하느라 나 같은 늙은이를 안 데려 가는 거냐.'하고 중얼거리자 어떤 사람이 나타나 '왜 나를 찾느냐?' 하고 묻는 것이었습니다. 자신이 바로 죽음이라면서 늘 곁에서 죽음이 우리의 말과 숨소리를 듣고 있다고 하였습니다.

노인은 떨리는 마음을 간신히 누르고 둘러대었습니다. 지게가 무거워 들어달라고 불렀을 뿐이라고 하면서 지게를 들어달라고 부탁하였습니다. 지게를 들어주고 죽음이 떠나려고 하자 노인은 자신이 얼마나 더 살겠냐고 물었습니다. 죽음은 바로 대답하기를 '5년'이라고 대답했습니다.

노인은 다음날 숲으로 들어가 거대한 나무들을 골라 속을 파내고 그 안에 집을 짓기 시작했습니다. 바람 한 터럭도 들어오지 못하게 정교하게 집을 짓는데 5년이 걸렸습니다. 몇 층인지도 알 수 없었습니다. 죽음이 다시 찾아오자 노인은 자신이 만든 집이나 한 번 구경하고 가자고 꾀었습니다. 죽음은 나무집의 정교함에 눈이 휘둥그레져 집 구경에 정신이 없었습니다. 그때 노인은 문을 잠그고 자기 집으로 돌아왔습니다.

죽음이 갇히자 세상엔 죽음이 사라지고 사람이 넘쳐나게 되었으며 굶주림이 아우성을 치게 되었습니다. 신들은 경악을 금할 수 없었다. 신들은 모여서 회의를 했지만 대책이 없었습니다. 그때 〈비슈누〉가 나타나 자신이 원래대로 돌려놓겠다고 장담을 하였습니다. 비슈누는 노인으로 변장하고 문제의 노인을 찾아가서 노인에게 사는 것이 지겹지 않느냐고 물었습니다. 그러자 노인은

"죽고 싶어도 이젠 죽을 수 없다오!" 비슈누는 삶에 지친 노인과 함께 죽음을 찾아 나섰습니다.

노인이 나무집 문을 열자 백발이 된 죽음은 간신이 목숨만 부지하고 있었습니다. 비슈누가 성수를 뿌리자 죽음은 드디어 의식을 되찾게 되었습니다.

죽음은 울부짖으며 "신이시여 생명을 유지할 목적이라면 어떤 짐이라도 지겠나이다. 그러나 이 짓은 죽어도 못하겠나이다."

"왜 용기를 잃었느냐? 생명이 지속되는 한 책임을 다해야 한다. 은퇴는 안 된다. 그 대신 그대가 일하는 데 꼭 필요한 것이 무엇이냐, 그 부탁은 들어주마." 라고 하자 죽음은 곰곰이 생각한 후에 깊은 한 숨을 내쉬며 "제 모습이 사람들한테 보여 이 지경이 된 것이니 저는 세상을 보지만 세상은 저를 보지 못하게 만들어주십시오" 하자 비슈누는 그렇게 하겠다고 하며 죽음이 사람들에게 보이지 않게 만들어주어 세상에 죽음이 다시 돌아와 우리 곁에 죽음이 다가오는 것을 못 보게 하였다고 합니다.

우리는 이 이야기에서 노동은 인간의 숙명입니다. 노인은 노동이 힘들어 죽음으로 도망치려합니다. 그러나 죽음을 두려워합니다. 그는 두려움으로부터 도망치기위해 노동으로 익힌 정교한 기술로 죽음을 나무집에 가두어 버렸습니다. 그 뒤 노인은 죽고 싶어도 죽을 수 없는 딜레마에 빠집니다.

그 뒤 죽음이 투명하기 때문에 인간은 무수한 목전의 죽음을 보지 못합니다. 아니 죽음을 외면하고 싶은 마음이 죽음을 투명신으로 만든 것입니다.

뉴기니아 동쪽 트로브라안드섬에서 100년전 영국의 인류학자 밀라노프스키가 조사한 신화를 보면 어느 날 노파가 손녀를 데리고 강 하류에 목욕을 하러 갔습니다. 노파는 손녀가 안보는 곳에 가서 허물을 벗고 손녀에게로 돌아왔습니다. 손녀는 허물을 벗은 노파를 알아보지 못하고 무서워하며 저리가라고 소리쳤습니다. 노파는 부끄러워하며 허물을 벗은 곳으로 가 다시 허물을 뒤집어쓰고 돌아왔더니 그때서야 손녀가 알아보고 말하였습니다. 조금 전에 어떤 소녀가 왔는데 무서워서 쫓아버렸다고 말하였습니다.

노파는 “너는 내가 누군지 알아보려고도 하지 않았어. 좋아, 이제부터 너는 늙게 될거고 나는 죽게 될거야.” 라고 하였습니다. 그리고 집으로 돌아와 식사준비를 하고 있는 딸에게

“내가 목욕을 갔는데 밀물이 내 허물을 싣고 가버렸단다. 그랬더니 네 딸이 나를 알아보지 못했어, 그리고 네 딸이 나를 쫓아 내버리더라고, 앞으로 난 허물을 벗지 않을 거야, 이제부터 모두 늙고 죽게 될 거야.” 라고 하였습니다.

이 신화에서는 뱀이 허물을 벗으면서 영생한다고 믿었듯이 인간도 허물을 벗으며 회춘하여 영생한다는 것을 딸에게는 전수하였지만 손녀에게는 미처 전수하지 못하여 충돌하게 된 것입니다. 노파가 허물을 벗으면 죽음이 없는 세상이 되는 것입니다.

죽음의 신화 중 가장 오래된 신화는 수메르의 서사시 「길가메시」입니다. 길가메시는 죽음을 향한 여정을 강행합니다. 천신만고 끝에 그는 우트나피시팀을 찾아가 영생을 묻습니다. 우트나피시팀은 대홍수에서 살아남아 신이 된 인간입니다. 즉 영생을 얻은 인간입니다.

길가메시는 우트나피시팀을 만나지만 6일 낮 7일 밤을 잠들지 말라는 금기를 지키지 못합니다. 바다속에서 얻은 불로초마저 뱀에게 빼앗깁니다. 뱀은 허물을 벗었고 길가메시는 길가에 주저앉을 수밖에 없었고, 길가메시는 죽게 됩니다. 그는 영웅이지만 인간이었습니다.

우리는 신화들을 통해 죽음이 실종된 세계야 말로 죽음이라는 역설적 진리를 알 수 있습니다. 오늘이 죽지 않으면 내일은 없다는 것입니다. 삶이 아름다운 것은 바로 죽음이 있기 때문에 더욱 아름다운 것입니다. 만약 꽃이 시들지 않고 피기만 한다면 세상은 꽃밭만 있을 것입니다. 매일 꽃만 보며 산다고 해보면 좋을 것 같지만 꽃이 아름다운 이유는 꽃이 피었다 지기 때문에 더욱 아름다운 것이 아닐까요? 꽃의 유한성 곧 인간의 유한성이 아름다움을 낳는 것입니다. 그러므로 죽음이라는 현실을 어떻게 받아 들이냐는 곧 나의 삶을 어떻게 보느냐로 귀속될 수 있는 것입니다.

10. 슬플 땐 마음에 어떤 일이 생길까?

우리들은 사랑하는 사람을 영원히 잃었을 때 마음에 어떤 변화가 생길까요? 우리들은 사람을 잃었을 때 어떤 상태가 되는지 알아두는 건 매우 좋은 일입니다. 만일 여러분이 처음으로 상을 당했다면 대체 무슨 일이 일어나는지 모를 수 있기 때문입니다.

우리는 슬픔을 당하면 아주 예민해지고 갑자기 성질을 내기도하고 간혹 이유 없이 화를 내기도하고 '왜 사람이 죽어야 하고 같이 살수 없는지?' 의문을 품기도 합니다. 우리가 사랑하는 사람을 잃었을 때오는 상실의 슬픈 마음은 어떻게 나타날까요.

상실에서 오는 슬픔의 다섯 단계로 부정, 분노, 타협, 절망, 수용이라고 엘리자베스 퀴블러로스는 말했습니다. 사랑하는 사람을 잃었을 때 우리는 그 자체를 인정하고 싶지 않을 것입니다. 이때 오는 충격과 부정은 우리가 상실을 극복하고 살아갈 수 있도록 해줍니다. 부정은 슬픔의 감정이 몰아닥치는 속도를 늦추어 줍니다. 이처럼 부정 속에는 자비가 숨겨져 있는 것입니다. 그래서 인간이 감당할 수 있을 만큼만을 허락하는 신의 선물이 아닐까 싶습니다. 충격과 부정은 하나의 중요한 감정이므로 영혼을 보호해주는 장치인 것입니다. 상실과 관계되는 감정이 한꺼번에 밀려오면 감당하기 어렵습니다.

대개 부정은 일어난 현실에 질문을 던지며 생겨납니다. 그게 사실일까? 그 사람이 진짜 사라진 것일까? 상실의 현실을 받아들이려고 애쓰는 방식이 부정이라고 본다. 부정이 시들해 지면서 그 자리에 상실의 현실이 자리 잡습니다.

이제 사람들은 '어떻게' '왜'라는 질문을 하기 시작합니다. 그리고 '어떻게 그런 일이 일어났는지'를 자문합니다. 그러면서 마음이 강해지기 시작하고 부정은 서서히 희미해지기 시작하면서 지금까지 부정해왔던 모든 감정이 수면 위로 떠오르게 됩니다.

분노는 여러 형태로 나타납니다. 더 신경 써주지 못한 것에 화가 나고, 더 잘 보살피지 못한 자신에게 화나고, 살려내지 못한 의료진에게 화가 치밀어 오릅니다. 분노가 논리적이거나 타당할 필요가 없습니다. 다양한 모양으로 분노가 치밀어 오르게 된다. 분노는 치유의 한 과정입니다. 진심으로 느끼면 느낄수록 분노는 점점 사라지기 시작합니다.

분노 안에는 고통이 숨어 있습니다. 소외되고 버림받은 기분을 느끼는 것은 당연한 일인데 우리 사회는 분노를 두려워합니다. 분노가 잘못 됐고 부적절하다고들 말합니다. 이 순간 우리가 할 일은 분노를 허락하고 존중하는 일입니다. 분노는 곧 저항입니다. 다시 말해 상실의 공허함을 잠시나마 붙잡을 수 있는 닻인 셈입니다. 분노는 드넓은 바다 위로 우리를 연결하는 하나의 다리가 됩니다. 분노의 힘으로 이어진 연결선은 아무것도 없는 것 보다 훨씬 낫습니다.

우리는 죄책감을 경험하게 됩니다. 그것은 우리 자신을 향한 분노인 것입니다. 분노의 강도가 감당하기 버거울 수도 있습니다. 그러나 결국 반대편 출구로 나오게 될 것이지만 다른 사람들의 시선때문에 분노를 무시하지 않도록 해야 합니다. 누구든 분노를 비난

하도록 내버려 두지는 마세요. 심지어 나 자신이라 할지라도.

사랑한 사람을 잃기 전에는 그 사람이 살 수만 있다면 무엇이든 할 수 있었을 것이라며 이내 타협하기 시작하게 됩니다. 결국 사랑하는 이를 잃은 후에 타협은 잠시 협상의 형태로 나타납니다. “만일.... 했더라면....” “그랬더라면 어떻게 되었을까” 라면서 ‘만일’이라는 단어가 끊임없이 반복됩니다. 사랑하는 이가 곧 죽게 된다면 그가 고통 없이 죽게 해달라고 타협합니다.

타협의 단계가 끝이 나면 현실의 공허함이 드러나 슬픔은 상상했던 이상의 깊이로 빠져듭니다. 강력한 슬픔이 안개 속에 혼자 남겨둔 것 같은 절망감에 빠져드는 것입니다. 이 절망감은 정신병이 아님을 이해하는 것이 중요합니다. 그것은 크나큰 상실에서 나타나는 하나의 반응일 뿐입니다. 이제 다시는 돌아 올 수 없다는 것을 실감하게 될 때 절망이 찾아오는 것은 당연한 일입니다. 슬픔이 치유되는 과정이라면 절망은 반드시 지나쳐야할 과정 중의 하나일 뿐입니다.

절망에서 빠져나오는 길을 찾는 것은 마치 태풍의 소용돌이 속에서 탈출구가 없음을 두려워하며 바다를 헤매는 것과 같은 것입니다. 슬픔과 공허함으로 인해 정화된 순수함 속에서 절망을 바라보며 절망을 느끼도록 마음을 놓아두면 상실 안에서 목적을 달성한 절망은 곧바로 떠날 것입니다. 절망은 우리를 느긋하게 만들어 상실을 세세하게 들여다 볼 수 있게 해 줄 것입니다. 그리고 밑바닥에서부터 다시 우리를 새롭게 일으켜 세워줄 것이다. 그리고 우리가 성숙할 수 있게 마음의 준비를 시켜줄 것입니다.

수용의 단계는 사랑하는 사람이 실제로 떠나버린 현실을 받아들이고 새로운 현상이 현실임을 받아들이고 인정하는 단계를 말합니다. 상실의 고통으로부터 도저히 치유될 것 같지 않던 것들이 치유와 적응이 확고히 자리 잡는 것이 수용의 단계입니다.

슬픔이 치유되는 동안 우리가 어떤 존재이며 삶에서 사랑하는 사람은 어떤 존재였는지 깨닫게 되며, 슬픔을 겪는 동안 치유의 손길은 묘한 방법으로 우리를 사랑했던 사람에게 더 가까이 데려다줍니다. 새로운 관계를 만들어주고 떠나버린 그 사람과 함께 새로운 삶을 살아가는 방법을 배우게 됩니다. 찢겨지고 흩어졌던 조각들이 서서히 제자리에 붙여지고 본래의 모습을 회복하게 됩니다.

상실의 다섯 단계를 통해 우리는 상실로부터 우리의 에너지를 거둬들여 그것을 삶에 다시 투자하기 까지 시간이 걸린다는 것을 알게 해 줍니다. 사랑하는 이를 추억하면서 상실을 기리는 방법을 배움으로 상실을 더 넓게 바라보게 됩니다. 물론 다른 어떤 것으로 잃어버린 사람을 대신 할 수는 없겠지만 새로운 결합, 새로운 의미 있는 관계를 형성할 수 있다는 점입니다. 다만 이 모든 것은 슬픔에게 충분한 시간의 배려가 필요하다는 것입니다.

죽 음

육신이
오감의 날개로
날아다니려 애쓰다
지친 날개를 접고

사대[14]는
모두 제 고향으로 흩어지고

영혼이
아름다운 날개를
활짝 펴고 떠나는 여행

14) 사대 : 흙(地), 물(水), 불(火), 바람(風)의 네 가지 원소로 육신을 이루고 있는 살은 흙, 피는 물, 체온은 불, 호흡은 바람을 말함

11. 종교를 통해 본 내세(來世)와 생사관(生死觀)

우리 인간에게 삶과 죽음의 문제만큼 중요한 것은 없을 것입니다. 우리가 죽은 후에는요 어찌 되는 것일까? 내세니 저승이니 하는 사후관계란 과연 있는 것일까요? 있다면 그 곳은 어떠하며 우리는 장차 어떠한 모습으로 그 곳으로 가는 것일까요?

더욱이 인생의 황혼기에 접어든 사람이라면 누구나 죽음을 생각해 보지 않은 이가 없을 것이고, 자기가 어떤 종교를 가졌던지 혹은 종교를 가지지 않았더라도 각각 자기 나름의 생사관(生死觀)을 가지고 있을 것입니다.

인간에게 죽음이 없었더라면 종교는 생겨나지 않았을지도 모른다고 합니다. 인간의 죽음을 다양하게 정의하고 있는 허다한 종교 중에 내가 신봉하고 있는 종교는 어떤 것이며, 그로부터 영향을 받았을 나의 생사관은 과연 어떤 것일까요?

내 종교 이외의 다른 종교들은 죽음을 어떻게 보고 있으며, 현대 지성인으로서의 우리는 이를 어떻게 받아들여야 할 것인가?

바다에 물든 노을을 밟으며 서산에 지는 해의 노을을 바라보며 한 번쯤 깊은 사색에 잠겨 봄직한 일이 아닌가 싶습니다.

유교(儒教)

유교에서는 천지만물이 음양오행(陰陽五行)이라는 기(氣)의 집합으로 생겨나고, 또한 그 기의 흩어짐으로 없어지다고 한다.(聚則生

散則滅취즉생 산즉멸) 사람도 기의 모임으로 태어났다가 그 기의 흩어지는 현상이 바로 죽음이라는 것입니다. 다만 기에는 맑고 흐리고, 깨끗하고 더럽고, 순수하고 잡된 것이 있는데 사람은 그 중에서 맑고 깨끗하고 순수한 것만을 받았기 때문에 만물의 영장이 되었지만 기의 모이고 흩어짐에 따라 생겨나고 없어지는(生成消滅) 점에 있어서는 세상에 존재하는 모든 것들과 다 같은 자연의 일부라고 보는 것입니다. 그래서 사람이 죽으면 혼은 날아가고 넋은 흩어진다(魂飛魄散)하여 날아가는 혼을 불러들이려고 망인(亡人)의 체취가 배인 옷을 들고 지붕에 올라가 흔들면서 혼을 부르는 초혼(招魂)의 절차를 밟았습니다.

죽음 뒤에도 사라지지 않는다고 믿는 혼백(魂魄) 역시 음양의 기에 지나지 않기 때문에 시일이 지나면 마침내 흩어지는 것이고, 자연으로 돌아간 기는 다시 사람으로 태어난다는 보장이 없기 때문에 유교에서는 내세를 믿지 않습니다.

한 번 죽으면 그만이기 때문에 자손을 통하여 대(代)를 이어 감으로서 그 허무함을 달래고 영생의 욕구를 대신하려 합니다. 대가 끊어지는 것은 영생이 단절되는 것이기 때문에 아들을 못나면 아내를 쫓아내는 칠거지악(七去之惡)이니 다른 여인에게서 아들을 낳아오는 씨받이니 하는 습속(習俗)이 생겨나기까지 했습니다. 그러나 생(生)과 사(死)를 천명(天命, 우주의 섭리)에 따른 기(氣)의 집산(集散)으로 볼 때 인간의 죽음 역시 자연의 기로 돌아감입니다.

자연은 인간의 모태(母胎)요, 본래의 고향입니다. 따라서 죽음은 본래의 고향으로 돌아감에 지나지 않습니다. 그것은 우주 자연과의 영원한 합일(合一)입니다. 우주는 영존(永存)하는 것임으로 우주와의 합일인 인간의 죽음은 인간의 변형된 영존의 시작이라 할 것입니다.

도교(道教)

유교와 더불어 중국에서 발생한 도교 역시 내세보다는 현세에 중점을 둔 종교입니다.

유교가 내세를 인정할 수 없기 때문에 인간의 죽음을 천명으로 받아들이고 자자손손 대를 이어 감으로서 영속성을 유지하려 했다면, 도교 역시 내세를 믿을 수 없기 때문에 죽는 것이 너무도 허무하여 영원히 죽지 않는 장생불사(長生不死)와 신선이 되는 성선(成仙)의 길을 택하였던 것입니다.

도교의 대표적 저서인 『포박자(抱朴子)』를 쓴 진(晉)나라의 갈홍(葛弘)은 불교처럼 삶과 죽음을 같은 차원으로 보는 것이나, 유교처럼 죽고 사는 일을 그대로 받아들이는 것을 거부합니다.

죽음을 피하고 수명을 늘리는 일에 힘써 궁극적으로는 신선이 되어야 한다고 주장합니다.

“시작이 있으면 끝이 있다고 하지만 천지는 다함이 없고, 사는 것은 반드시 죽는다고 하지만 거북과 학은 오래도록 산다"고 하면서 "어찌 사람이 오래 살지 못하겠느냐”고 그는 설파합니다. 그래서 초기 외단(外丹)에서는 불로초나 불사약 같은 것을 추구했지만 끝내 실현하지 못했습니다. 후기에 와서는 내단(內丹)으로 방향을 바꾸어 정신적인 수양으로 이를 해결하려 했지만 인간은 여전히 현실적으로 죽음에 봉착하게 됩니다.

그래서 도교에서의 인간의 죽음에 대한 해석은 독특합니다. 도를 닦아 신선이 된 사람은 죽은 체하고 평범한 의식에 따라 땅에 묻히지만 자기의 옷이나 지팡이에 시체의 모습을 담아 관 속에 남기고, 정작 자기는 무덤에서 빠져나가 영생하는 사람들이 사는 신선세계로 간다고 합니다.

이것이 곧 도교에서 말하는 시해(尸解)요, 시해선(尸解仙)입니다. 당당하게 선계(仙界)로 올라가지 않고 은밀히 하는 이유는 범인(凡人)들의 일상 사회를 혼란시키지 않기 위해서라고 하니 과연 선인(仙人)다운 배려라 할 것입니다.

불교(佛教)

불교는 인도에서 발생하여 전파된 종교로 같은 동양권이지만 유교나 도교와 달리 내세관이 뚜렷합니다.

죽음은 곧 다른 삶의 시작이요 끝이 아니라고 봅니다. 전생(前生)의 업보(業報)에 따라 금생(今生)에 태어나서 다시 업을 짓고 죽으면 그 업보에 따라 내세가 결정되지만 반드시 사람으로 다시 태어나는 것이 아니라 사람으로 또는 축생으로 각자 자기가 지은 업에 따라 윤회유전(輪廻流轉)한다고 합니다.

그렇기 때문에 선업(善業)을 닦고 내세를 예비하는 것이 가장 바람직한 삶의 형태라고 강조합니다. 그러나 사람으로 다시 태어난다고 해도 사바세계에서 생로병사(生老病死)의 네 가지 고통(四苦)을 면할 수는 없기 때문에 윤회의 고리를 끊고 그 사슬에서 벗어나는 것을 추구하고 있습니다.

곧 해탈(解脫)을 해야만 비로소 극락세계에 가는 부처가 되는 것(成佛) 이라고 하고 있습니다.

이와 같은 윤회사상은 정업(淨業)을 닦으면 서방정토에 왕생한다는 대승불교의 정토신앙(淨土信仰)으로, 마음이 맑으면 대지가 맑아진다는 선종(禪宗)의 자성미타(自性彌陀)신앙으로 발전하게 됩니다. 그리하여 삶과 죽음이란 둘이 아니요 하나라는 생사일여(生死一如)의 미학으로 승화됩니다.

그래서 사명대사는 "죽음이란 한 조작 뜬구름이 스러지는 것이요, 삶이란 한 조각 뜬구름이 일어나는 것."이라고 하였습니다.

힌두교

힌두교하면 우리에게는 매우 생소한 종교이지만 인도라는 나라 이름인 '힌두'와 같은 어원(語源)이라는 점에서 유구한 역사를 짐작케 합니다.

기원전 2,500년경 인더스문명과 함께 발생하여 바라문교와 융합하고 불교를 파생시킨 인도의 토착종교로서 4천여 년이 지난 오늘에도 10억 인도 인구의 83%가 신도이고, 네팔을 비롯한 이웃 여러 나라에도 많은 신도를 가진 종교입니다.

"마치 사람이 계절에 따라 헌 옷을 벗어 버리고 다른 새 옷으로 갈아입듯이 이 몸속에 살고 있는 아트만도 낡은 몸뚱이를 벗어 버리고 다른 새 몸뚱이로 옮겨 가는 것이다."

"풀벌레가 풀잎 끝에 다다르면 다른 풀잎을 잡고 건너가듯이 이 아트만도 지금 머물고 있는 이 육신을 벗어 버리고 다른 육신으로 건너간다." 라고 인도의 고대 경전에서 힌두교의 일관된 교리는 불교 윤회사상의 원류라고 볼 수 있습니다.

사람의 신분을 이른바 '카스트제도'라고 하는 사성계급(四姓階級)으로 나누어 철저하고도 가혹한 영구불변의 차등을 두고 있지만 그들은 비록 자기가 하층 천민계급으로 태어났더라도 그것은 전생의 업보라고 믿기에 불만 없이 이를 감수하고 있습니다.

그러기에 그들은 현세에서 착한 선업을 쌓아 내세에는 상층계급으로 태어나도록 준비하고, 나아가서는 지배계급으로 태어난다 하더라도 그것은 윤회를 거듭하는 영겁(永劫)속의 한 찰나에 불과하기 때문에 궁극적으로는 윤회의 사슬에서 완전히 벗어나는 해탈(解脫)을 얻기 위해 수행을 마다하지 않습니다.

우리의 삶은 삶을 위하여 있는 것이 아니라 삶으로부터 벗어나기 위하여 있는 것이라고 믿는 것입니다.

잘 살아야 한다는 말은 곧 잘 죽어야 한다는 말이지요, 잘 죽어야 한다는 것은 다시 태어나지 않는다는 것입니다. 그것이 곧 해탈이기 때문입니다.

기독교(基督教)

기원전 4세기 아테네법정에서 피할 수도 있었던 처형을 스스로 자초하여 태연히 독배를 마셨던 소크라테스는

"인생이란 고귀한 영혼이 비천한 육신 안에서 옥살이하는 질곡(桎梏)이요, 죽음은 고귀한 영혼이 비천한 육신 감옥에서 풀려나는 경사" 라고 확신했기 때문에 그러할 수 있었습니다.

이와 같은 그리스 철학자들이 믿었던 영혼불멸설(靈魂不滅說)이 기독교에 들어와 정통교리가 되었다고 합니다.

"나는 부활이요 생명이니 나를 믿는 자는 죽어도 살겠고, 무릇 살아서 믿는 자는 영원히 죽지 아니하리라." (요한복음 11장 25.26절) 이것은 예수의 말씀입니다. 이처럼 영생과 부활을 믿는 종교가 기독교입니다.

기독교인들은 하나님을 믿고 그 가르침에 따라 살다가 죽으면 육신은 썩어 사라지지만 영혼은 하늘나라에 올라가 영원히 산다고 믿습니다. 그래서 그들은 죽은 자의 시신 앞에서 오직 죽은 자를 하나님 곁으로 보내기 위하여 경건한 마음으로 찬송가를 부르고 기도를 드립니다. 오직 한 분인 유일신(唯一神) 여호와하나님 이외의 그 어떤 신도 인정하지 않기 때문에 조상을 모시는 제사조차 용납하지 않습니다.

하늘나라에서 영광스레 살고 있을 조상의 영혼을 죄 많은 지상으로 초대할 이유가 없는 것이지요. 영혼만 영원히 사는 것이 아니라 이 세상에 종말이 오고 예수가 다시 내려오는(再臨) 날, 이 세상의 모든 산자와 죽은 자는 그 앞에서 최후의 심판을 받고 결과에 따라 구원을 받는데 산자는 산대로, 죽은 자는 부활해서 들림을 받아 하늘나라로 올라간다고 합니다.

이것을 곧 재림이요 부활이요 휴거(携擧)라고 합니다. 그래서 기독교인들은 예배할 때마다 "죄를 사(赦)하여 주시는 것과 몸이 다시 사는 것과 영원히 사는 것을 믿사옵나이다." (사도신경)하고 기도하는 것입니다.

이슬람교

기독교와 그 뿌리를 같이하면서도 가장 크게 갈등을 빚으며, 교리가 곧 법이요 생활규범이어서 사람의 일상생활을 극도로 불편하게 규제합니다. 그럼에도 불구하고 이슬람교는 중동국가들을 중심으로 15억의 신도를 가진 세계 3대종교의 하나입니다.

코란에 의하면 신이 땅을 빚자 "땅의 주인은 누구냐"고 천사들이 물었습니다. 그러자 신은 "나를 대신하여 땅을 다스릴 자는 아담과 하와, 그리고 그 후 란용견(蘭湧繭)"하고 대답했습니다. 그리하여 하늘에 살던 아담과 하와가 땅으로 내려왔는데 천국과는 판이하게 다른 지상의 환경에 적응하기 위하여 그들은 변태의 과정을 한 번 거처야 했습니다.

이렇게 해서 땅에 내려온 아담과 하와의 후손들인 사람은 신의 뜻에 따라 땅에서 신이 위탁한 임무를 수행하다가 정해진 기간의 자기임무를 마치면 천국으로 돌아가야 하는데 천국의 환경이 땅과 다르기 때문에 아담과 하와가 천국에서 내려올 때 변태했던 것처럼 인간들도 천국의 환경에 적응하기 위해 변태를 해야 한다는 것입니다. 즉 천국에서 영생을 누리기 위한 변태의 과정이 죽음이라는 것입니다. 또한 기독교에서는 사람이 나면서부터 죄가 있다고 하는 원죄설을 주장하는데 반하여 이슬람교에서는 죄란 현세의 일상생활 속에서 가정환경과 사회 환경에 의하여 오염되거나, 인간의 "자유의지"로 만들어 내는 죄가 있을 뿐 원죄란 없다고 하고 있습니다. 하지만 비록 원죄는 없더라도 본의 아니게 오염된 때(垢)와 자기 스스로 지은 죄가 씻김을 받지 않고서는 순결무구(純潔無垢)한 천국에 들어갈 수 없으므로 천국으로 가는 길목에서 천주교에서 말하는 연옥(煉獄)과 유사한 '바르자크(Barzakh)' 즉 죽음을 맞이한 후, 부활의 날이 오기 전까지 무덤에서 부활의 날을 기다립니다. 그러한 무덤의 세계를 '바르자크(Barzakh)'라고 합니다. '바르자크'를 거쳐야 씻김을 받는 것으로 죄를 사함 받고 변태하는 과정이라는 것입니다. 즉 천국에서 영생을 누리기 위해서는 필연적으로 거쳐야 하는 이 변태의 과정이 이슬람교에서 말하는 죽음인 것입니다.

어떤 종교이든 삶의 마무리에서는 내 삶을 돌아보는 과정에서 하나의 믿음을 간직함으로 내세에 대한 믿음과 자신의 죽음을 마무리 할 수 있는 준비를 할 수 있다고 봅니다. 그러므로 종교의 내세와 생사관에 따라 믿음이 나와 다르다는 것으로 서로를 배척하거나 미워할 이유가 없다는 것을 알 수 있었습니다. 오늘날 국제 정세와 사회 혼란도 아마 종교의 도그마가 가져다주는 것이 아닌가 싶을 정도로 배타적인 교리를 가지고 있는 현실이 안타까울 뿐입니다.

12. '나'라는 존재의 가치

'나는 누구인가?'라는 질문을 던지는 날이 매일 되풀이하는 것이 습관처럼 되었습니다. 신사인지? 기생충인지? 쓸 만 한 사람이지? 남에게 도움이 되는지? 해가되는 사람인지? 스스로에게 던질 수밖에 없는 성찰의 시간들이 노구를 서있게 하는 질문인 것 같습니다.

하느님은 아담을 창조한 다음

"나는 너를 천상의 존재로도 지상의 존재로도 만들지 않았다. 그것은 네 자신을 형성하는 사람이 되고, 네 힘으로 네가 선호하는 모습으로 네 자신을 만들 수 있도록 하기 위해서다. 따라서 너는 선택에 따라서 동물의 수준으로 하락 할 수도 있고 너의 의지에 따라서 천상의 존재가 될 수가 있다." 라고 인간의 자유의지의 중요성을 말하였습니다.

신의 형상을 한 인간, 내가 왜 이 세상에 존재하는지 알기 위해 나를 성찰하고 돌아보는 것이야 말로 삶의 가치를 키워 갈 수 있을 것입니다. 자신을 객관화하려는 태도는 육체라는 유한한 한계를 벗어나 정신의 무한 한 꿈을 영혼의 성장으로 키우는 것이야 말로 삶의 가치를 의미 있게 만드는 길이라 봅니다.

신처럼 아름다웠던 젊은 시절은 바람같이 지나가고 서서히 쇠락하는 육체의 한계를 돌아보며 왜 이 세상에 존재하는지 깊은 고뇌를 하지 않을 수 없습니다. 나만이 가지는 독창적인 향기를 뿜을 수 있다면 얼마나 좋을까? 많은 세속의 삶이란 소소한 삶의 기쁨을 만들어 가는 것이 아닐까 싶습니다. 나의 자화상은 스스로의 삶을 만들어가는 자취일 것입니다. 우리에게 주어진 유일한 삶의 과제는 아마 "나 자신이 되어라(Be myself)"가 아닐까 싶습니다.

'나는 누구인가?'라는 끊임없는 질문의 토대 위에서만 수행될 수 있는 것입니다. 나는 나대로 태어나는 것이 아니라 만들어 지는 것입니다. 우리의 삶은 세상을 떠날 때까지 끝난 것이 아닙니다. 우리는 허약하고 허약하여 순식간에 나락으로 떨어 질 수밖에 없습니다. 그렇기 때문에 우리는 매일 나에 대한 질문을 던지며 과연 지금 여기서 나는 나답게 살고 있는지를 스스로에게 되묻기를 멈추지 말아야 할 것입니다.

손바닥의 물이 빠져나가는 것처럼 지금 일어나는 생각, 즉 내 손발이 움직이는 이 순간 생각은 안개처럼 일어났다 사라집니다. 생각이 일면 바로 망상임을 알고 생각을 잠시도 머물지 않습니다.

지금 이 순간 존재의 실상을 알아야 합니다. 자신의 삶에 자신이 없기 때문에 남의 힐난(詰難)을 받으면 즉시 반격합니다. 우리는 좋던 나쁘던 경계에 흔들리지 않도록 스스로를 다잡고 또 다잡으며 내 삶의 가치를 높이고 의미를 더하기 위해 늘 염기즉각해야 할 것입니다.

영국의 역사학자 에릭 홉스는 전통은 '한 순간도 자기 동일로 있을 수 없는 존재'라고 하였으며 들뢰즈는 '복제들과는 전혀 다른 독립성을 가지고 있음'을 강조하였습니다. 우리도 역시 같은 어제의 내가 아닙니다. 즉 한 순간도 자기 동일로 있을 수 없는 존재임을 잊어서는 안 될 것입니다.

그래서 스티브 호킹(1942.1.8. - 2018.3.14.)은 "일찍 죽을 것이라는 예상 속에서 내 인생의 대부분을 살았다. 그래서 시간은 나에게 언제나 귀중하다." 라는 말을 남기지 않았을까요?.

우리의 존재, 그 모든 것을 조금씩 창조적인 방향으로 이끌어 가는 것이 아니라 전폭적으로 소멸시켜 버려야 합니다. 높은 이상을 갖고서 고통과 투쟁을 하며 피나는 노력을 하고 있는 잡다한 우리의 삶, 스스로 덕목(德目)을 길러서 영원히 자신을 성취해 보려는 마음인 우리의 삶까지 말입니다. 덕스러운 존재이고자 하는 것을 멈추는 것이 곧 덕입니다.

이제는 지나간 과거를 왜 청산시키지 않으면 안 되는가를 비로소 깨닫게 되었습니다. 지나간 과거 속에 그대로 묻혀 죽어진다면 그 땐 무엇이 있겠습니까?

명나라의 철학자이며 유학자인 왕양명(王陽明, 1472 - 1529)은 "사람은 반드시 자신을 위하는 마음이 있어야만 비로소 자기 자신을 이겨낼 수 있고, 자신을 이겨내야만 비로소 자기를 완성할 수 있다." 라고 하였습니다. 삶을 마치 소유물처럼 생각하기 때문에 우리는 그 소멸을 두려워합니다. 삶은 소유물이 아니라 순간순간에 있습니다. 영원한 것이 이 세상에 어디도 없습니다. 모두가 한때일 뿐, 그러기에 그 한때를 최선을 다하는 삶을 살아야 한다는 것이 아닐까요?

늙은이

때로
추억을 소환하여
보듬고 즐기며

시간을 죽여 얻은
지혜의 주름으로
여유로움을 갖은 이

13. 결이 있는 잔잔한 기쁨

잔잔한 기쁨, 회한과 두려움 같은 여러 감정들 속에서 자신의 삶의 이야기는 잘게 부서져 쌓여져 있게 마련입니다. 누가 와서 휘젓는 다면 그 작은 이야기들이 피어오를 것입니다. 우리가 귀 기우려야 할 것은 숫한 영웅들의 이야기에 묻혀 들리지 않은 낮은 소리인 것입니다. 어둠이 깔린 암흑 속에서만 희미한 빛으로 나타나는 그런 존재들의 나직한 언어들이 작가들이 들려주어야할 임무가 아닐까요?

인간이라면 충분히 아름답습니다. 인간의 다양한 감정을 표현하려는 노력은 예술가들의 또 다른 인간에 대한 새로운 표현에 도전해왔습니다. 우리는 '지금 여기'에 존재하는 인간에 접근해 갈수록 우리는 그 인물의 개성에 집중하게 됩니다. 개성의 강화는 결국 보편으로부터의 이탈을 의미하고 이것은 불완전함 또는 비정상으로 볼 수 있습니다. 인간에게는 완전함이 없고 오직 다름이 존재할 뿐이기에 차이는 예술인 것입니다.

삶의 마지막 순간 인간은 어떤 표정으로 세상을 볼까요? 아마도 한 인간의 마지막 표정이 그의 삶의 의미를 완성하는 표정일 것입니다.

생명의 탄생은 축복입니다. 늙어서 손자의 탄생을 보는 것은 참으로 경이로웠습니다. 아이의 탄생을 보는 순간 나의 호흡은 가빠지고 콧구멍은 벌어졌고, 입도 벌어져 다물 수 없었습니다. 나에겐 새 생명 자체가 기쁨이고, 기적이며 구원이었습니다. 나라는 개체의 삶은 끝이지만 종으로서의 삶의 끈은 이렇게 이어지는 것이기 때문일 것입니다.

아이들이 태어남은 내 뒤에 오는 새로움에 대한 경탄이며 겸손과 감사의 표정이 나를 넘쳐 흐르고 인간의 아름다움을 가득 안고 있는 기분이었습니다. 이것이 마음속에 있는 효능 좋은 치유제로 늘 살아있습니다. 나만의 기적이 아니라 다른 모든 늙은이들의 기적들로 살아있을 것입니다.

겹겹이 생명이 흐르는 흔적들을 우리는 결이라고 합니다. 건강한 생명의 결은 곱습니다. 숨결, 머릿결, 정신결, 마음결, 말결, 글결도 곱습니다. 결은 순수한 우리말입니다. 결은 겹에서 나왔습니다. 우주 만물들이 생명을 이어가는 현상에서 반복되는 패턴을 형성해 겹을 이룹니다. 그 생명의 자국으로 남은 무늬가 바로 결이 아닐까요? 그러므로 결은 달려가는 올바른 방향을 뜻하고 순리인 것입니다. 순리(順理), 이치(理致)에 맞게 흐르는 결을 우리는 순하다고 합니다다. 이(理)는 가로 세로 겹겹의 결이 그대로 가지런하다는 뜻입니다. 이(理)는 내적인 흐름이 겉으로 드러난 무늬의 결이라고 할 수 있습니다.

흐름을 일으키는 에너지는 기(氣)입니다. 기(氣)는 생김새부터 기운생동하며 동적입니다. 이(理)는 기(氣)를 운동하게 하는 원천 즉 존재의 근거가 됩니다. 기(氣)가 이(理)를 따라 움직이면 결이 순하고 건강한 생명의 질서가 만들어집니다.

결이란 생명 현상에 새겨진 물리현상으로 동적인 흐름과 주기적인 질서의 흔적인 것입니다. 즉 질서 정연한 생명의 흐름들이 오랜 세월을 거쳐 굳은 자리가 된 것이 결이 아닐까요?

'결'을 표현한 인간의 예술로는 일본의 선승들이 완성한 『가레산스이(枯山水)』라는 일본 정원 양식을 들 수 있습니다. 마른 산과 물의 정원은 우주의 축소판입니다. 물이라면 젖음이고 모래는 마름입니다. 마름으로 물, 강을 표현한 상상력과 통찰력이 신비롭습니다. 그 고운 모랫결, 물결에서 흐트러짐 없는 순리적인 생명의 결을 느끼며 우리는 깊은 명상을 통해 스스로를 돌아보게 됩니다.

결은 무늬입니다. 같은 결이라도 머릿결은 시각을 비단결은 촉각을 일깨웁니다. 역사의 흐름 속에 인간의 욕심은 한결같습니다.

물결은 파동입니다. 파동은 실제로 존재할까요? 물리학자들은 파동이 존재한다고 생각했습니다. 실재의 기준은 그것이 물질인지의 여부가 아니라 그것을 관측하고 측정가능한지에 달려있기 때문일 것입니다. 파동은 시간과 공간을 평등하게 사용합니다.

소리도 파동입니다. 음악은 공기의 밀도 파동으로 자신을 시공간에 아로 새깁니다. 우리가 공기의 밀도 변화를 볼 수 있다면 음악이 공간에 펼쳐지는 것을 그림처럼 볼 수 있을 것입니다. 음악은 시간을 느껴지게 하는 형상입니다. 이렇게 시공간을 진행하던 음악은 귀에 부딪혀 시간의 예술이 되는 것이 아닐까요?

'칸딘스키' 라는 화가는 음악을 그림으로 표현하려는 화가가 아닌가 싶습니다. 그는 현대과학에도 깊은 관심을 가지고 있었습니다. 원자가 방사능을 가지고 붕괴한다는 사실은 그에게 큰 충격을 준 것 같습니다. 고대 원자론이 틀렸다는 것을 의미합니다. 갑자기 가장 견고한 벽이 무너진 것입니다. 칸딘스키는 보이는 것을 그려야 한다는 회화의 견고한 벽을 무너뜨렸습니다. 본다는 행위를 설명하는 데 난데없이 결이 튀어나오는 것은 원자의 기이한 행동이 파동과 관련 있기 때문이 아닐까요? 칸딘스키는 음악을 보여주고 싶었습니다. 음악은 결 맞은 파동입니다. 양자역학에서 파동을 보면 결이 어긋나 있다고 합니다. 이렇게 음악은 추상이 되고 칸딘스키는 그 음악의 추상의 어긋난 결을 우리에게 보여준 화가가 아닌가 싶습니다.

바로 여기에 우리의 삶에 결 맞은 파동을 생각하지 않을 수 없습니다. 삶의 자리를 그림자로 비추는 흔적들이 우리의 마음들을 움직이는 원동력이 되는 것입니다. 그 잔잔한 파동 속으로 흐르는 결이 잔잔한 삶의 기쁨과 회한과 두려움 속에 영혼의 성숙으로 비춰질 하나의 삶의 가치를 공동체 속으로 깊이 박히는 화살이 아닐까 싶습니다.

「대학(大學)」에서 이르기를 "마음에 있지 않으면 보아도 보이지 않고 들어도 들리지 않고 먹어도 그 맛을 모른다. 이리하여 몸을 닦는 것은 마음을 바로 잡는 데 있다."고 하였습니다.

마음의 결, 그 흐름이 인간의 삶을 좌우하는 근원이 되는 것입니다. 마음을 어떻게 갖는가에 따라 순수함과 악함이 나타나듯 마음의 물결이 잔잔하게 만드는 것은 바로 수행일 것입니다.

삶의 아름다운 물결을 만드는 것은 바로 마음을 다스리는 것이라 할 것입니다.

삶이란 아름다움이며 슬픔이자, 곧 기쁨이며 혼란입니다. 또 삶이란 바람이며, 구름이며, 호수에 비친 달빛이기도 합니다. 삶이란 고통이자 희망인 것입니다. 삶이란 죽음이며 미명(未明)을 부인하거나 내세(來世)를 믿는 것이기도 합니다. 삶이 바로 선(善)이며, 미움이며, 시기인 것입니다. 삶이란 야망이자 탐욕이며, 사랑이자 사랑이 부족 된 것이 바로 삶의 모습입니다. 삶이란 창조력이 있는 것이어서 기계를 이용하는 능력을 생산하기도 합니다. 삶이란 믿어지지 않는 황홀한 것이며, 투명한 마음이자 사색이기에 아름답고 잔잔한 기쁨의 결을 만드는 창조인 것입니다. 그래서 우리의 삶을 소소한 기쁨으로 소소한 행복으로 결을 이루어 가는 것이 진정한 삶의 가치가 아닌가 싶습니다.

칸딘스키가 음악을 보여주고 싶어 했듯이 우리는 삶의 결을 잔잔하게 마음에 담는 지혜를 가져야 할 것입니다. 그래서 장자(莊子)는 "큰 지혜가 있는 사람은 영고성쇠(榮枯盛衰)를 알고 있으므로 얻었다 해서 기뻐하지 않고 잃는다 해서 근심하지 않는다. 그는 운명의 변화무상함을 알고 있기 때문이다." 라고 했습니다.

영혼은 정수리 백회(百會)를 통해 빠져 나간다고 합니다. 그래서 하늘과 통하는 문이라고 하여 천문(天門) 즉 대천문(大天門)이라고 합니다. 죽음은 한 개체가 우주 전체와 하나가 되는 것입니다. 그러므로 육체의 죽음은 완성이 없지만 영혼의 죽음은 완성이 있다고 하는 것입니다. 우리가 우리의 삶에서 육체중심으로 볼 것인가? 영혼 중심의 삶을 살 것인가는 우리의 삶의 방식을 완전히 다르게 할 것입니다.

오늘

생명은 탄생의 연속

노을과 함께 죽고
아침과 함께 태어난다.

항상 새로 주어지는 기회
사랑하고 아름답게
가꾸어 갈 소중한 출발점

14. 죽음을 대비하기 위한 수행에 대하여

죽음 순간 중요한 두 가지는 자기의 삶에서 무슨 일을 했는가? 죽는 순간 마음의 상태가 어떠한가? 입니다. 우리가 부정적 카르마(業)를 많이 축적했을지라도 죽는 순간 마음을 진정 바꿀 수 있습니다. 죽는 순간 카르마를 정화하기 위한 예외적으로 강력한 기회가 주어주기 때문입니다.

우리는 죽음의 순간을 어떻게 맞이할지 그를 위해 무엇을 해야 할지 모르고 있습니다. 티베트의 불교에서는 죽음의 순간, 어떻게 해야 하는 지를 자세히 가르치고 있습니다. 죽음을 맞이하는 순간에서부터 어떻게 살펴보기로 하겠습니다.

먼저 죽음의 순간, 달라이 라마는 "죽음의 시점에 있어서 오랫동안 자신의 몸에 배인 태도가 일반적으로 우선권을 지니고 환생의 방향을 정한다. 이와 똑 같은 이유로 자기 자신에 대한 집착이 강하게 일어나게 된다. ------ 몸에 대한 갈망은 다시 중간적인(바르도) 존재의 몸을 자리 잡게 하는 동인이 된다." 라고 하였습니다. 이는 죽는 순간 우리 마음의 상태가 매우 중요하다는 것입니다. 죽는 사람이 집착, 갈망, 애착을 내려놓게 하기 위해서 우리가 할 수 있는 모든 것을 다해야 합니다.

다음은 애착을 내려놓게 하는 것입니다.

사람이 죽음을 맞이하는 가장 이상적인 방식은 내적, 외적의 일체를 내려놓는 것입니다. 그렇게 함으로써 죽음의 순간에 갈망이나 집착, 애착같이 마음으로 달라붙는 것이 거의 없도록 해야 합니다. 아무것도 가지고 갈 수 없으므로 자신의 갖가지 소유물을 마라 선물로 주거나 자선 단체에 기부하는 계획을 마련하는 것이 바람직합니다. 그래야 마음 편하게 길을 떠날 수 있는 것입니다.

죽어 갈 때 주변 환경을 평화롭게 유지 하는 것이 중요합니다. 친구, 가족들이 지나치게 슬픔을 드러내면 죽어가는 당사자의 의식이 예외적일 정도로 상처받기 쉽기 때문입니다. 「티베트의 사자의 서」에서는 "마치 벼락이나 우박처럼 느낀다." 라고 하고 있습니다.

다음은 죽는 순간에도 의식을 명료하게 하여 가르침을 알아차리게 해야 한다고 합니다.

'죽음에 다가설 때, 온갖 영적인 수행을 응집시켜 모든 것을 함축한 하나의 '마음 수행'에 초점을 맞추는 것이 매우 중요합니다. 죽음의 순간을 위한 가장 핵심적인 지침을 유념하도록 하고 죽어 갈 때 마음과 영혼에 그 지침을 유지하고, 그리고 자기 스승을 생각하고 마음이 그와 더불어 하나 되게 하는 것'이라고 말하고 있습니다. 즉 파드마삼바바의 시에 "조금도 흩어짐 없이 가르침을 명료하게 알아차린다." 라고 하였습니다.

티베트 불교에서는 죽음을 맞이하여 그 과정을 어려서부터 모든 이들에게 가르친다고 합니다. 즉 죽어가는 과정을 가르친다는 것이지요.

죽어감의 바르도를 규정하는 것으로 아름다운 여배우가 거울 앞에 앉아 있는 광경을 제시한다고 합니다. 그녀는 분장을 하고 무대에 나가기 전 마지막으로 외모를 점검하는 것과 같이. 죽음의 순간 마음의 본성이라는 거울 앞에서 가르침에 담긴 핵심적인 진리를 제시하고 수행의 핵심을 가리킵니다. 만일 스승이 없으면 선한 업을 맺은 영적인 친구가 핵심에 유념하도록 도와주어야 합니다. 이 가르침의 시기는 외적 호흡이 멈춰진 이후 내적인 호흡이 종결되기 이전이라고 합니다.15)

이런 죽음의 과정에 대비하여 모든 사람들에게 수행하는 방법을 가르치고 있는 것이지요. 그들은 죽음의 과정을 대비하기 위한 세 가지 핵심적인 수행하게 합니다. 최상은 마음의 본성에서 쉬거나 우리 수행의 정수를 일깨우는 것이고, 그 다음은 포와 수행, 의식의 전이이며, 마지막으로 기도, 헌신, 영감의 힘, 그리고 깨달은 존재의 축복에 의지하는 것입니다.

지고(至高)의 수행자 족첸의 수행을 완전히 성취한 인물은 새로 태어난 아이처럼 죽는다고 합니다. 최상의 능력을 지닌 중간단계의 수행자는 길가에 앉아 있는 거지처럼 죽는다. 즉 그들은 주변의 환경에 영향을 입지 않습니다. 중간 정도의 능력을 지닌 중간단계의 수행자는 야생동물이나 사자처럼 눈 덮인 산에서, 산속 동굴이나 빈 골짜기에서 죽는다고 합니다.

족첸 전통에 두 가지 예가 있습니다.

수행자는 잠자는 사자 자세로 누우라고 충고 받습니다. 그러면 의식은 눈에 초점이 맞춰지고 시선은 눈앞의 하늘에 고정된다고 합니다. 마음을 변하지 않게 놓아두고 그 상태에서 쉬면서 그들의 리

15) (진행과정은 〈티베트의 지혜〉 PP384-384참조)

그파가 진실의 원초적 영역과 합일하게 합니다. 죽는 순간 근원적 광명이 떠오름에 따라 그들은 아주 자연스럽게 그곳으로 들어가 깨달음에 도달합니다.

다른 하나는 그 의식을 깨끗이 한 '아'발음처럼 형상화해, 중심 채널을 통해 분출해서 머리의 정수리를 거쳐 붓다의 영역에 도달하게 하는 의식의 전이를 위한 포와 수행이 있습니다.

'불생하는 리그파 영역으로 의식을 분출함'이란 의식의 전이를 이끄는 포와(phowa) 수행을 뜻합니다. 죽어감을 돕고 죽음을 준비하기 위하여 사용된 요가 수행과 명상법입니다. 원리는 죽음의 순간 수행자가 자기의식을 분출해 불생의 리그파 영역으로 이끌어 붓다의 마음과 합일 시키는 것으로 개인이 닦을 수도 있고 능숙한 수행자가 이끄는 방법도 있습니다.

포와 수행은 '중심채널을 길로 인식함' '우리의 인식을 여행자로 인식함' '붓다의 영역을 우리의 목적지로 인식함'이 포와 수행의 가장 중심적인 존재는 무한한 광명을 지닌 아미타불입니다. 아미타불은 무한히 빛나는 우리 마음의 본성입니다.[16]

『중심채널 : 몸과 마음의 구성요소 - 땅(地), 물(水), 불(火), 바람(風), 허공(空) 육신내의 바람은 다섯 가지 근원적 바람과 다섯 가지 지맥 바람이 있는 데 근원적 바람은 오대를 뒷받침하고 인간 몸의 작동을 책임집니다. 지맥바람은 오감을 작동하게 합니다. 중심채널 이외에 흐른는 바람은 순수하지 않아서 부정적이고 이원적

16) 소갈 린포체. 오진탁 역, 티베트의 지혜. 민음사. 2015. pp385~388

인 사유 양식을 촉진시킵니다. 중심채널로 흐르는 바람을 지혜의 바람이라 합니다. 정수는 머리의 정수리에 위치한 흰색 정수와 배꼽에 위치한 빨간색 정수가 있습니다.』

바람에 걸터앉은 우리의 의식은 육신으로부터 벗어나기 위해 틈을 필요로 하는 데, 육신의 아홉 개의 구멍 가운데 하나를 통하여 빠져 나간다. 고 합니다. 의식이 택한 육신의 통로에 따라 우리가 다시 태어나게 되는 존재의 영역이 정확하게 결정됩니다. 의식이 정수리의 천문을 통해 빠져나가면 우리가 점차적으로 깨달음에 나갈 수 있는 순수한 영토에 다시 태어나게 됩니다.

포와 수행의 성취의 조짐으로 정수리가 가렵거나 두통이 일거나 맑은 액체가 흘러나오거나 천문 주변이 융기되거나 부드러워지거나 심지어 거기에 작은 구멍이 뚫리기도 합니다. 포와의 성공적인 진행을 가로 막는 장애물로는 마음이 건전하지 못하는 구조, 소유에 대한 아주 작은 갈망, 동물의 가죽이나 털로 만든 물품, 담배나 약물들이 중심채널을 막을 수 있습니다.

포와 수행은 큰 죄인조차도 깨달음을 성취한 스승의 능력에 의해 붓다의 영역으로 옮겨집니다. 17)

기독교의 성경에서도

【"너희가 알 것은 죄인을 미혹된 길에서 돌아서게 하는 자가 그의 영혼을 사망에서 구원할 것이며 허다한 죄를 덮을 것이니라."

---

17) 소갈 린포체. 오진탁역. 전게서. 민음사. 2015. pp388~393

〈야고보서 5:20〉】

【"이를 위하여 죽은 자들에게도 복음이 전파되었으니 이는 육체로는 사람으로 심판을 받으나 영으로는 하나님을 따라 살게 하려 함이라"〈베드로전서 4장6절〉】 라고 하고 있습니다.

죽어가는 사람에게 수행자가 행한 포와가 성공한 증후로 종종 한 움큼의 머리가 천문 주위에 빠져 있거나 온기나 수증기가 정수리로부터 느껴지거나 보이기도 한다고 합니다. 또는 의식의 전이를 일으키는 음절을 말 할 때 방안의 모든 사람이 혼절하기도 하고 뼈조각이 죽은 사람의 두개골로부터 날아가는 수도 있다고 합니다.

죽음의 순간에 행하는 기도는 매우 커다란 은총입니다.

모든 종교 전통에 따르면 기도를 하면서 죽음을 맞는 것은 커다란 효험이 있다고 합니다. 죽을 때 마음을 다해 붓다, 하느님, 예수,에 의존하거나 자신의 스승을 염원하는 것입니다.

죽음의 순간 가장 긍정적인 마음가짐과 심지어 다르마타 바르도 상태에서 소리, 빛, 색은 스승의 축복과 그 지혜의 빛나는 성품으로 나타날 수 있습니다. 즉 구릿빛 산의 연꽃처럼 빛나는 성채에서 다시 태어나도록 기도할 것입니다. 만약 그들이 흠모하고 존중하는 것이 아미타불이라면 축복 넘치는 그의 하늘 즉 데와첸(大樂)이라는 놀라운 정토(淨土)에 태어나도록 기원할 것입니다.

죽어가는 사람을 위한 바람직한 분위기는 죽음을 맞이한 사람에게 매우 중요합니다.

죽어가는 사람들은 감정적이고 실제적인 뒷받침에서 비롯하는 사랑과 보살핌을 필요로 합니다. 영적인 수행자의 경우 영적인 보살

핌의 분위기와 강도, 차원은 특별한 의미를 지닙니다. 죽어가는 사람들에게는 영감과 이로부터 자연스럽게 일어나는 확신과 믿음, 헌신의 분위기가 중요합니다. 얼마나 좋은 기억을 갖게 하느냐? 좋은 말씀의 테이프, 수행을 닦는 염송, 감동적인 음악 테이프, 영감이 빛나는 분위기 속의 축복, 자기 삶의 마지막 기간의 이런 수행의 분위기에 흠뻑 젖어들게 해야 합니다. 죽는 순간 품은 생각이 죽음이후 바르도 상태에서 다시 깨어날 때 가장 크게 영향력이 있습니다.

오랫동안 자기 자신에 대한 이해를 좌우하고 지배했던 육신으로부터 우리가 마침내 벗어 날 때, 한 생의 카르마는 완전히 소진되지만 미래에 만들어질 수 있는 카르마도 아직 구체화되지 않은 상태입니다. 따라서 죽음의 순간 생기는 것은 풍부한 가능성의 틈 또는 공간입니다. 죽음의 순간에 우리가 마음의 본성을 확고하게 실현했다면 우리는 한 순간에 자신의 모든 카르마를 정화할 수 있습니다. 우리가 계속해서 확고하게 알아차릴 수 있다면 마음의 본성의 근원적 순수함의 공간에 들어감으로써 해탈에 도달함으로써 자신의 카르마를 종결시킬 수 있을 것입니다.

마음의 본성을 곧바로 알아차림에 의해 안정을 성취하게 되는 이런 힘은 영겁의 어둠을 한 순간에 몰아 낼 수 있는 횃불 같은 것입니다. 바르도 상태에서도 마음의 본성을 알아차릴 수 있다면 우리가 깨달음을 성취하리라는 것은 분명합니다. 이런 까닭에 우리는 지금 바로 이 순간부터 수행을 통해 마음의 본성에 친숙해져야 합니다.

죽어감 즉 죽음을 맞이하는 우리는 언제, 어디서, 어떻게 죽음을 맞이할지 아무도 모릅니다. 그러나 우리는 죽음을 맞이하는 수행 즉 죽음 명상을 통하여 죽음을 준비하고 죽음의 순간을 맞이했을 때 마음의 본성에 머물기 위한 수행을 해야 하며 만약 그 수행을 할 수 없을 때에도 죽음의 순간 자신의 바르도를 정화할 수 있는 준비 즉 죽음의 순간의 마음을 긍정적이고 기도하는 마음과 그러한 수행을 끊임없이 실천하는 것이 중요합니다. 즉 나의 실체는 누구이며 자기라고 부를 수 있는 것이 과연 있는가? 또 나는 부모님으로부터 태어나기 전에 어디에 있었는가? 를 끊임없이 명상하고 텅 빈 마음으로 지혜의 광명으로 가득 채워야 한다는 것입니다.

15. 마음을 고향으로 이끌기 (명상에 관하여)

붓다는 깨닫는 순간 참된 본성에 대한 무지가 바로 윤회의 고통으로 떨어뜨리는 원인이며 무지자체는 습관적으로 미혹에 빠지는 우리 마음의 성향에 뿌리 두고 있음을 보았습니다.

마음의 미혹을 끌어내는 것이 곧 윤회를 벗어나는 것입니다.

붓다는 "죽음생각(死念)을 닦아 행하면 좋은 이름이 있고 큰 과보(果)를 이루어 온갖 선(善)이 두루 모이고 감로의 맛을 얻어 무위처(無爲處)에 이르게 되며 곧 신통을 이루고 온갖 어지러운 생각을 버리고 사문의 결과를 얻고 스스로 열반을 얻게 된다."라고 하셨습니다.

하늘은 우리의 절대적 본성으로 우리의 본성은 아무장애도 없으며 아무 한계도 없기 때문이다. 땅은 우리의 실재이며 우리가 처한 현실로 상대적이고 일상적인 생활여건을 뜻합니다.

하늘과 땅, 천상과 지상을 새의 두 날개처럼 서로 연결하는 것이므로 하늘처럼 불멸하는 마음의 본성과 덧없이 죽을 수밖에 없는 인간의 숙명을 통합하고 있음을 뜻합니다.

명상을 배우는 것은 이 삶의 가장 큰 선물이다. 왜냐하면 진정한 본성을 찾아 떠날 수 있으며 바르게 살고, 바르게 죽기 위해 필요한 안정과 확신을 발견 할 수 있기 때문이다. 명상은 깨달음으로 통하는 길입니다.

「죽음명상의 효과는 방일하지 않고 존재에 집착하지 않고 악을 비난하고, 축적하지 않고 번뇌와 인색함을 버리고, 무상의 인식이 깊어지고, 무아의 인식이 나타난다.」

명상은 마음을 다스리고 닦는 일입니다.

명상에는 수많은 방법이 있습니다. 가르치는 방법이 모두 달랐지만 모든 명상은 그때마다 마음에 와 닿았고 새롭게 느껴졌습니다. 명상은 문화적 종교적 장벽을 넘어 받아들여지고 있으며 진리와 직접 관계 맺게 해주는 수행법으로 수용되고 있습니다. 명상은 종교의 도그마를 초월하는 동시에 종교의 본질을 꿰뚫어 보는 수행입니다.

우리는 가두었던 감정들과 개념들을 명상을 통해서 서서히 자연스러운 단순함으로 향하게 합니다. 마음을 미혹에 남겨두면 마음이 미혹의 검은 주인이 되고 집착의 달인이 되어 교활하고 삿되어 노예상태에 굽실거리게 됩니다. 그러므로 명상에 헌신하고 시간과 더불어 참고 인내하고 훈육에 익숙해지고 올바른 수행을 하면 마음은 스스로 매듭을 풀고 본래의 축복과 명석함을 얻게 됩니다.

명상 수행은 삶에서 가장 많은 노력을 필요로 하는 것으로 가장 깊은 인내와 열정과 지성과 훈육을 요하는 것이라고 하고 있습니다.

명상의 목적은 하늘같은 마음의 본성을 깨닫는 것이며 참된 자기가 있는 곳, 삶과 죽음 너머 변하지 않는 순수한 깨달음으로 우리를 이끄는 것입니다. 우리는 수많은 조각으로 나뉘어 있는데, 그 많은 조각 중에 어떤 부분을 자신으로 믿어야 하는지 알지 못합니다. 서로 모순된 목소리들, 명령들, 감정들이 내면생활을 통제하기 위해 다투고 있습니다. 그래서 어느 누구도 마음의 고향에 남아있지 못하고 사방으로 흩어져 있습니다. 이는 명상만이 우리 마음을 고향으로 이끌 수 있습니다.

붓다는 명상 간의 차이를 불러일으키는 세 가지가 있는데 '처음이 좋은 것' '중간에 좋은 것' '나중에 좋은 것' 이라고 합니다.

처음에 좋은 것은 모든 중생들이 근본적으로 가장 내적인 정수인 불성을 지니고 있고, 불성을 알아차리게 되면 무지로부터 벗어나고 괴로움에 종지부를 찍게 됩니다.[18]

중간에 좋은 것은 수행이 핵심에 들어가는 핵심의 틀로 마음의 본성을 실현함으로써 일어납니다. 이 마음의 틀에서 어떤 개념으로부터 자유롭고 모든 것이 본래 '공(空)'하고 환상이고 꿈같음을 알아 집착하지 않는 태도가 생기는 것입니다.

나중에 좋은 것은 명상에 헌신하고 열렬하게 기도함으로써 명상을 끝맺음으로 이끄는 것으로 '수행을 통해 얻게 되는 어떤 공훈이든지 모두 중생의 깨달음을 향하도록 하옵소서. 모든 중생의 해탈을 위해 쉬지 않고 헌신하는 붓다께서 펼치는 바다 같은 광활한 활동에 비해 물 한 방울에 불과 하나이다.'입니다.

이 모든 행위 조차 깊은 의미에서 본래 공(空)이며 환각임을 숙고해야합니다. 이 신성한 세 가지 원리를 「롱 첸파」는 "참된 수행자의 가슴, 눈, 생명력"이라고 지적했습니다. 완전한 깨달음에 이르기 위해서는 세 가지 밖에 없습니다.

---

18)「티베트의 지혜, p117: 8 ~ 16, 붓다의 기도문」

명상은 마음을 고향으로 이끈다. 명상은 마음을 집중하는 수행을 통해 성취됩니다.

첫째, 마음의 평화를 지킨다. 둘째, 평온함을 유지한다. 셋째, 마음의 평화를 지키는 수행을 통해 우리는 세 가지를 얻게 됩니다.

첫째, 조각조각 흩어져 서로 싸우는 마음의 온갖 양상을 정착시키고 융화시켜 서로 친구가 되게 하는 것으로 우리의 근본 성품에서 뿜어져 나오는 광휘를 바라보게 합니다.

둘째, 집중하는 수행을 통해 생에 걸쳐 축적된 마음의 부정적 성향, 공격성, 사나운 감정들을 진정시킬 수 있다. 명상 수행은 가장 효과적인 심리요법이자 자기치유법이라 생각합니다.

셋째, 명상 수행을 통해 자신이 본질적으로 선하다는 것이 드러나게 된다. 명상 수행을 통해 불친절과 해악을 제거함으로써 참된 본성인 선함과 상냥함을 받아드려 참된 존재로서 꽃피울 수 있습니다.

명상 수행은 평화를 실천하며 비공격성과 비폭력을 지향하는 참된 수행이고 가장 현실적인 위대한 무장해제입니다.[19]

무장해제가 되면 자연스럽고 거룩한 편화를 얻게 됩니다.

마음을 고향으로 이끌려면 수행에 집중함으로써 마음을 평온한 상태로 이끄는 것으로 마음의 본성에서 쉬게 하는 것입니다.

마음 내려놓는 것은 마음을 집착이라는 감옥에서 풀어주는 것으로 모든 집착에서 풀려나면 자유로워지고 명상의 감동 속에서 황홀감을 느끼게 됩니다.

마음을 쉬게 하는 것은 마음을 널찍하게 확장하는 것으로 마음

---

19) 소갈 린포체. 오진탁역, 전게서. 민음사. 2015. pp120~123

속 긴장을 푸는 것입니다. 즉 '라그파에서 마음을 쉰다.'는 것입니다. 뇨술 켄포의 시 20)

『조용히 앉아서 몸을 움직이지 말고, 말하지도 말고, 마음을 평온하게 유지하고 어떤 것에도 집착하지 말고 어떤 생각이나 감정이 떠오르든지 자연스럽게 오가게 하자.』

명상 할 때 마음에 올바른 내적 환경을 창조하는 것이 필수적이다. 유머 감각과 광대한 마음이 갖춰질 때 명상은 별다른 노력 없이도 시작 할 수 있게 됩니다.

우리는 명상에 곧바로 도달하기는 무척 어렵습니다. 그것은 마음이 제멋대로 흩어져 있기 때문에 마음을 일깨우는 능숙한 방법이 필요합니다. 능숙함이란 마음의 본성에 대한 이해, 변화무쌍한 기분들에 대한 앎, 수행을 통해 계발한 통찰을 순간순간마다 자신의 삶에 응용할 수 있음을 뜻합니다.

건강한 명상에 이르는 것은 명상 방법에 입각해 능숙하게 수행을 닦음으로서 가능해집니다.

티베트의 속담에 '곰파 마 인 곰파 인'이라는 말이 있는데 그 뜻은 '명상이 아니라 익숙함이다.' 입니다. 즉 명상이란 명상 수행에 익숙한 것일 뿐입니다. '명상은 애쓰는 것이 아니라 자연스럽게 그것에 닮아가는 것' 이라는 것이지요. 명상이란 우리가 행 할 수 있는 어떤 것이 아니라 오로지 수행을 완벽하게 닦았을 때 자발적으

---

20) 「티베트의 지혜, P121:하단」

로 샘솟는 것입니다.

현대인들은 명상 기술에만 몰두하는 경향이 있으며, 또 메카니즘에 현혹되어 실용적인 판에 박은 말에 중독되어 있습니다. 명상은 기술이 아니라 영혼입니다. 즉 우리가 수행을 닦을 때 숙련되고 영감을 불러일으키고 창조적인 방법으로 하는 것이 중요합니다.

명상을 하기 위해서는 먼저 몸의 자세가 중요합니다.

'몸과 마음을 상서로운 상태로 이끈다면 명상과 깨달음은 자연스럽게 뒤따른다.'라고 합니다. 마음과 몸은 서로 연관되어 있으며 몸의 자세와 마음가짐이 영감을 불러일으키면 명상은 자연스럽게 뒤따릅니다.

「족첸」은 다음과 같이 가르치고 있습니다.

① 산처럼 조금도 움직이지 않고 확고부동한 위엄을 지니고 앉기
② 허리를 곧추세우고 앉기(내면의 에너지 프라니가 쉽게 움직임)
③ 가부좌를 틀로 앉되 활짝 핀 연꽃자세로 앉지 않는다.
(의자에 앉을 수도 있다)
④ 눈을 뜨고 있는다. (예민한 사람은 잠시 감는다)
⑤ 눈은 콧등을 따라 45도로 내리 뜬다. (명석한 통찰력이 떠오르면 눈을 더욱 크게 뜬다)

「첸레지(chenrezig)」는 '자비로운 붓다'라는 뜻으로 첸(chen)은 눈, 레(re)는 눈의 한구석, 지(zig)는 보는 것을 뜻합니다. '자비로운

눈을 지닌 붓다가 모든 중생들이 원하는 것을 본다.'는 것이지요.

명상을 통해서 솟아난 자비는 부드럽고 온화하게 자신의 눈으로 전해지므로 그 시선은 바다처럼 광대한 자비, 모든 것에 스며드는 자비 그 자체가 됩니다.

명상에서 눈을 뜨고 있어야 하는 이유를 살펴보면

① 쉽게 잠들지 않는다.(우리의 삶을 세상과 직접 연결 시켜준다)(뒤좀 린포체)
② 지혜의 에너지는 눈과 연결되어 있어 광명이 흘러나오는 문이다.(족첸)
③ 입을 가볍게 벌린다. - 카르마의 바람이 잔잔해짐
④ 손은 무릎에 올려놓는다.(마음을 편안하고 안정되게 이끄는 몸의 자세임)

이런 몸자세를 취하는 것은 즐겁게 붓다를 흉내 내는 것이며, 자신의 불성이 현현하게 될 것을 알고 취하는 것입니다. 즉 붓다가 될 수 있는 존재로 존중하는 것입니다.

명상에는 세 가지 방법이 있습니다.

붓다는 부정적 감정들을 다스리는 8만 4천 가지 방법을 가르쳤는데 불교의 많은 명상법 중 현대사회에 특히 효과적이고 누구나 쉽게 행할 수 있는 세 가지 명상법으로 '대상 활용하기', '만트라(진언) 암송하기', '숨결 지켜보기' 이라고 소개하고 있습니다.

첫째, 대상 활용 하기는 마음을 가볍게 대상에 의존하는 것으로 꽃, 수정, 나무와 자신이 특별히 영감을 불러일으킬 수 있는 대상으로 붓다, 예수, 공자, 노자, 또는 자신의 스승의 이미지를 이용하는 것입니다. 「파드마 삼바바」의 "나처럼 보라"[21]

둘째, 만트라 암송하기는 불교, 기독교, 힌두교 등의 만트라(진언) 소리와 결합하는 것을 말한다. 만트라란? 마음을 보호하는 것이라는 뜻을 가지고 있습니다. 마음이 부정적인 성향에 빠지지 않도록 도와줍니다.

소갈 린포체가 추천하는 만트라는 〈옴 아 훔 바즈라 구루 파드마 싯디 훔(Om Ah Hum Vajra Guru Padma Siddhi Hum)〉 하지만 모든 붓다의 스승들, 그리고 깨달음을 얻은 존재들의 주문이기도 합니다.[22]

셋째, 숨결을 지켜보기는 가볍게 그리고 마음을 집중하여 숨결에 주의를 쏟는다. 숨결은 기초적이고 근본적인 생명의 표출이다. 히브리어로 '루아(ruah)'로 피조물에 생명을 불어 넣는 신의 영혼으로 기독교의 성령과 숨결과 깊은 연결 고리를 가지고 있습니다.

붓다는 '프라나'를 부르는 숨결을 '마음을 실어 나르는 수레'라 했습니다.

단순하게 호흡을 고르게만 해도 우리는 크게 도움 받습니다.

---

21) 「티베트의 지혜 p130:7 ~ 131」
22) 소갈 린포체. 오진탁 옮김, 죽음으로부터 배우는 삶의 지혜. 판미동. 2009. p65.

호흡에 너무 집중해서도 안 됩니다. 1~2분정도 호흡을 조절하고 단속하는 데 25%만 활용합니다.

위의 세 가지 방법을 하나로 결합하는 것이 명상의 효과를 한층 높이는 수행법이 될 것입니다.

첫째, 대상에서 마음을 쉬게 하면 우리의 외부환경을 변화 시킬 수 있고 형상과 육체의 레벨에서 작동할 수 있습니다.

둘째, 진언을 암송하면 소리 감정 그리고 에너지의 내면세계를 정화 할 수 있습니다.

셋째, 호흡을 지켜보면 마음과 프라나 “마음을 실어 나르는 수레”를 가라앉힐 수 있습니다.

세 가지 측면 육체, 언어, 그리고 마음에 교대로 작용합니다. 이 세 가지 방법을 수행함으로 하나의 방법이 다음으로 이끌어 한층 평온하고 현존하게 될 것입니다. 단 하나의 방법에서 원하는 만큼의 시간을 사용해야 합니다. 점프하듯 넘나들면 안 됩니다.

그럼 우리는 명상 중에 우리의 마음을 어디에 두어야 할까요.

명상 중의 마음은 아무 것도 하지 말아야 합니다. ‘명상하는 마음은 마치 허공에 매달린 것처럼 어디에도 없습니다.’ 티베트 속담에 ‘마음으로 무언가를 꾀하지 않는 다면 마음은 저절로 축복으로 충만해 질 것이다. 마치 물이 흔들리지 않을 때 본래대로 투명하게 맑은 것처럼’하라고 했습니다. 이는 흙탕물로 가득 찬 물병과 같습니다.

명상에서 우리는 고요한 마음수행과 밝게 바라보기를 해야 합니다. 이는 마음을 고요히 바라보는 수행으로 불교의 지관(止觀)수행법인 바, 지(止)에 해당하는 것으로 모든 번뇌를 멈추는 것으로 호흡으로 돌려보내는 것입니다.

고요한 마음 수행(평온 안정)은 정곡을 찌르기로 마음을 명료해지게 하는 것으로 미혹이 제거되고 에고와 집착이 해소됨에 따라 밝게 바라보게 되어 통찰력이 떠오르게 됩니다.

이것이 "비파사나" 곧 지관수행법에서 관(觀)에 해당하는 것입니다. 티베트어로 '학통'입니다. 이렇게 되면 자신의 존재를 뛰어 넘어 무아의 지혜로 이르는 광대함으로 나아가게 됩니다. 미혹을 근절하고 윤회로부터 벗어나게 되어 해탈의 경지에 도달한다고 합니다.

마음의 본성을 체험하게 됩니다. 즉 생각과 감정(구름)이 흩어질 때 하늘(참된 본성)이 드러나게 되고 하늘에서 태양(불성)이 빛을 발하기 때문입니다.

명상은 마음의 긴장을 풀게 하며 미묘한 균형을 이루어야 합니다.

명상은 긴장 할 만큼 긴장해야 하지만 동시에 긴장을 풀어야 합니다. 마음의 긴장을 풀고 풀었다는 생각에 집착하지 말아야 합니다. '붓다'의 제자 슈로나가는 스님이 되기 전 유명한 음악가였습니다. "언제 비나가 가장 좋은 소리를 낼 수 있습니까? 줄이 팽팽 할 때 입니까? 줄이 느슨할 때 입니까?"하고 물었을 때 슈로나가는 "둘 다 아닙니다. 적절하게 죄어 있을 때 줄은 느슨하지도 않고 팽팽하지도 않습니다."라고 답했습니다. 티베트의 위대한 여자 스승 가운데 하나인 '마 칙 랍 된'은 "긴장하라, 긴장하라 그러나 긴장을 풀어라 긴장을 풀어라 이것이 바로 명상법의 요체이다.” 라고 했습니다.

명상은 처음에 일어난 생각은 마치 가파른 절벽에서 쉴 새 없이 떨어지는 폭포수처럼 다른 쪽의 끝에 이르게 됩니다. 티베트의 속담에 ‘그것은 뼈 없는 고기와 잎사귀 없는 차를 요구하는 것처럼 터무니없는 주문이다.’라고 했습니다.

바다에 파도가 있고 태양에 빛이 있듯 생각과 감정은 마음을 빛내는 것입니다. 생각과 감정도 바로 마음의 본성이 표출되고 표현된 것일 뿐입니다. 충동적으로 반응하지 않고 꿋꿋이 참아내기만 한다면 다시 마음의 본성으로 돌아갈 것입니다.

뒤좀 린포체는 “생각이 일어나거든 아이들의 놀이를 지켜보는 지혜로운 노인처럼 대하라”고 하면서 생각과 감정은 바다의 파도처럼 자연스럽게 일어났다가 가라앉도록 내버려 두라고 하고 있습니다.

“우리는 일상적으로 생각의 흐름이 연속적인 것이라고 알고 있습니다. 하지만 실제로 그렇지 않습니다. 생각과 생각사이에 틈이 있다는 사실을 당싱 스스로 발견하게 될 것입니다. 과거의 생각은 이미 지나가고 미래의 생각이 아직 생겨나지 않았을 때, 마음의 본성인 리그파가 드러나는 틈을 언제나 발견할 것입니다. 그러므로 명상의 임무란 생각이 전개되는 속도를 늦춰 그 틈새를 한층 더 분명하게 드러내는 것입니다.” 23)

수행을 계속하여 수많은 경험을 통하여 마음과 생각의 소멸을

23) 소갈 린포체. 오진탁 옮김. 전게서, 판미동. 2009. p115.

할 수 있습니다. 이런 경험들은 좋은 것으로 명상이 나아진다는 표시입니다.

지극히 축복을 경험하는 것은 욕망이 사라졌음을 뜻하며 맑은 마음을 경험하는 것은 공격성향이 멈추었음을 뜻하고, 생각의 소멸을 경험하는 것은 무지에서 잠시 벗어났음을 뜻합니다. 명상은 깨달음의 디딤돌이 됩니다. 부정적 경험은 깨달음을 위한 촉매로 승화시켜 가야하며 모든 것이 잘되어 갈 때 특히 주의하여야 합니다, 자만에 빠지거나 자신만만해서는 안 됩니다.

뒤좀 린포체는 '유혹에 빠지지 말라'고 경고하고 있습니다.

명상의 진정한 영광은 방법이 아니라 그 축복과 맑음과 평화 속에서 무한하게 풍요로운 '무아의 지혜'에 가까이 다가서는 것입니다. 이러한 지혜의 고향에서 살아갈 때 너와 나, 이것과 저것, 안쪽과 바깥쪽 사이의 벽을 발견할 수 있는 자신의 진정한 고향 차별 없는 상태에 이르는 것입니다.[24)]

명상을 오랫동안 한다고 꼭 좋은 것은 아닙니다. 문제는 얼마나 오랜 시간 명상하느냐가 아니라 수행을 통해 실제 마음이 충만한 현존의 상태에 도달할 수 있느냐가 핵심입니다.

뒤좀 린포체는 "초보자는 짧은 시간 수행하고 즉 4 ~ 5분 정도 수행하고 30초~1분정도 쉰다. 휴식을 취하는 것이 명상을 닦는 만큼 중요하다."라고 가르치고 있습니다. 중간 중간 휴식은 서툴고 지루한 엄격함, 엄숙함, 부자연스러움이 제거됩니다. 명상과 일상생활의 장벽을 무너뜨리게 됩니다.

---

24) 소갈 린포체. 오진탁 옮김, 전게서. 민음사. 2015. pp142-143.

뒤좀 린포체는 '명상 수행자가 명상을 마쳤을 지라도 명상을 떠나서는 안 된다'고 가르치고 있습니다.

명상을 일상생활과 일치시키는 것이야 말로 명상의 근거, 목적 전부다. 현대인의 삶에 폭력, 스트레스, 적대감, 산만함이 만연되어 있으니까 행동과 명상을 일치시키는 것은 가장 긴급한 일입니다.

뒤좀 린포체는 "뛰어오르거나 달려 나오지 말아라, 하지만 일상생활에 유의해야 할 것이다. 머리뼈가 부서진 사람처럼 행동하라, 누군가가 자신을 손으로 만지는 것처럼 항상 조심하라"고 하고 있습니다.

명상을 끝내고 일상생활로 돌아갈 때 명상을 통해 얻는 지혜, 통찰, 자비, 유머, 유연함, 공평무사함, 초연함이 나날의 일상생활에 스며들게 해야 합니다.

명상 수행을 이후에는 환상에 빠진 어린이처럼 행동해야 합니다. 정말로 중요한 것은 결과부좌의 자세로 수행하는 것이 아니라 명상 이후에도 그러한 마음자세를 유지하는 것입니다.

'내가 밥을 먹을 때 나는 먹을 뿐이고, 잠을 잘 때 나는 잠만 잘 뿐이다.'라는 선언은 자신의 행동하나하나에 전적으로 몰입한다는 것입니다. 이것이 명상과 일상생활의 일치인 것입니다.

도시를 떠나 한적한 장소에서 수행을 닦는 것은 명상과 일상생활을 통합하는 힘을 기르는 가장 좋은 방법 중의 하나입니다.

명상이란 깨달음으로 올라가는 길이며 우리가 지금 이 삶에서 가장 힘써야 할 일입니다. 명상이란 예술입니다. 그렇기 때문에 예술가처럼 창조의 기쁨과 풍부한 상상력을 지켜야 합니다.

명상을 통해 영감을 불러일으키기 위해 감동을 주는 음악, 시 한 구절, 탱화, 성화, 명화, 유명한 스승님의 가르침이 녹음된 테이프, 염불, 조각상 등과 함께하거나 자연 속에서 폭포, 바다의 바위 위, 호숫가, 들판 한가운데 등에서 침묵 속에 빠져 들어봅시다.

영국의 현대 작가 「루이스 톰슨(Lewis Thompson)」은 "최고의 시인인 예수 그리스도는 너무나 열정적으로 진리와 함께 살았다. 그래서 순수한 행동인 동시에 완벽한 상징이기도 했던 그의 몸짓 하나하나는 초월적인 진리를 초현하고 있다"라고 했습니다.

초월적인 진리를 온몸으로 느끼는 것이 우리가 여기에 존재하는 이유이기도 합니다.

16. 영혼을 성장 시키는 여덟 가지 힘

사도 바울은 "누구든 뿌린 대로 거두리라.(갈라디아서 6장7절)" 라고 썼습니다. 이 말은 행동한 대로 돌려받는다는 말로 올바른 행동은 좋은 결과로 돌아오고 고통은 과거에 행동한 잘못된 행위에서 온다는 것입니다.

영혼은 자신의 행위에 대한 책임이 있다는 것이지요. 그러므로 행위는 영혼에 무의식적으로 흔적을 남기는 것입니다. 착한 업은 영혼에 이로운 혜택을 남기고 나중에 행운으로 돌아오게 되는 것이지요. 예컨대 이번 생에서 자선을 베풀었다면 다음 생에서 풍족한 삶을 살 수 있거나 귀한 몸이 될 수 있다는 것을 의미합니다.

영혼 안에 카르마의 은행계좌를 만들어 악업을 행하면 부채가 선업을 하면 저축이 늘어나는 것과 같습니다. 우리가 태어날 때 육신의 형체를 취하기전에 영혼은 완전히 깨끗한 새 통장을 받는데 그 때는 빚도 없고 잔고도 없습니다. 그러나 출발은 전생의 업에 의해 차이가 있다는 것이지요. 그러므로 현생에서 우리가 마지막 이별을 고하기전 카르마의 계좌에 잔고를 남기기 위해 어떻게 해야 할까요?

인도에서는 '카르마티트' 라는 말이 있습니다. 이는 '카르마'가 없다는 말입니다. 영혼이 과거의 행위들로 인한 부정적인 '산스카라'의 짐을 더 이상 짊어지고 있지 않다는 뜻으로 영혼이 과거의 행위들을 용서받아 깨끗이 씻겨 졌다고 볼 수 있는 것입니다. '산스카라'는 잠재의식이나 무의식에서 저절로 떠오르는 개성, 기질, 습관 같은 것입니다. 다시 말해 현생에서 쌓아온 본인의 행위에 의해 만들어진 업보를 말하는 것이지요. 영혼이 이런 잠재의식 즉 산스카라에 의해 부정적인 짐을 다 벗어버리고 사랑과 자비심과 봉사의 단계에 이르는 것을 '카르마티트' 단계라고 하는데 불교에서 말하는 '니르바나' 곧 열반에 이른 것을 말합니다. 이렇게 되면 영혼은 모든 생각과 행동이 자유로워 대자유를 얻는 것이지요.

'산스카라'에 대하여 불교의 입장에서 이야기하면 업이라는 것으로 전생의 업 현생의 업으로 내세를 결정한다는 윤회와 관계되는 것입니다.

생명이 있는 것은 여섯 가지의 세상에 번갈아 태어나고 죽어 간다는 것으로 이를 육도윤회(六道輪廻)라고 합니다. 육도 중 첫째는 지옥도(地獄道)로서 가장 고통이 심한 세상입니다. 지옥에 태어난 이들은 심한 육체적 고통을 받습니다. 둘째는 아귀도(餓鬼道)로 지옥보다는 육체적인 고통을 덜 받으나 반면에 굶주림의 고통을 심하게 받습니다. 셋째는 축생도(畜生道)로 네 발 달린 짐승을 비롯하여 새·고기·벌레·뱀까지도 모두 포함됩니다. 넷째는 아수라도(阿修羅道)로 노여움이 가득 찬 세상으로 남의 잘못을 철저하게 따지고 들추고 규탄하는 사람은 이 세계에 태어나게 됩니다. 다섯째는 인간이 사는 인도(人道)이고, 여섯째는 행복이 두루 갖추어진 하늘 세계인 천도(天道)입니다. 곧 인간은 현세에서 저지른 업에 따라 죽은 뒤에 다시 여섯 세계 중 한 곳에서 내세를 누리며, 다시 그 내세에 사는 동안 저지른 업에 따라 내세에 태어나는 윤회를 계속하는 것을 말합니다.

그래서 죽음명상을 통하여 이 업을 씻고 순진무구한 영혼으로 돌아가자는 것입니다. 즉 영혼을 성장시켜 힌두교에서 이야기하는 '카르마티트' 단계, 불교에서 말하는 '니르바나' 즉 열반의 세계로 가기 위해서 우리의 미덕을 키우기 위한 여덟 가지 힘을 키워 우리의 생각과 행동을 통제할 수 있게 하자는 것입니다. 이 힘은 우리의 습관을 타파하고 건조화 되어 깊이 물든 육체의식을 없애고 우리의 영혼을 사랑과 덕성을 갖춘 품성으로 만드는 힘이 되는 것입니다.

영국 출신 의사 '로저 콜' 박사는 그의 저서 「사랑의 사명」에서 영혼을 성장시키는 힘으로 「내면으로 흐르는 힘」, 「짐 꾸리는 힘」, 「직면하는 힘」 「관용의 힘」, 「수용하는 힘」, 「식별하는 힘」, 「판단하는 힘」, 「협력하는 힘」 여덟 가지 힘을 키워야 한다고 하였습니다.

첫째, 「내면으로 흐르는 힘」은 자신의 내면으로 들어가는 힘을 기르면 진리와 평화의 중심에 있게 됩니다. 누가 남을 헐뜯거나 비방하거나 화내거나 하면 스스로 영혼이라는 인식 속으로 들어가십시오. 부질없는 일에 휩쓸리지 말고 내면으로 향해 드라마를 보듯 관찰자의 입장을 취하십시오. 이렇게 좋은 습관을 갖게 되면 웬만한 일에도 상처받지 않고 마음의 평화를 지킬 수 있을 것입니다.

둘째, 「짐 꾸리는 힘」을 키우면 마음에 완전한 마침표를 찍을 수 있습니다. 남의 일에 참견하고 그 상황을 생각하고 걱정하지 말고 그 상호작용을 일단락 짓고 보따리를 꾸미듯 정리하여 묶어버리는 힘을 키우십시오. 일단 지나 간 것에 대해서는 되돌아보느라 에너지를 소모하지 말고 오직 현재의 순간에 주의와 에너지를 모을 수 있어야 합니다. 그래야 문제에 근심을 하지 않고 마음을 통제하여 부정적인 힘이 더 크게 확대되는 것을 막아줍니다. 불안과 스트레스로 이어지지 않게 마침표를 확실하게 찍으면 크게 여겨지던 문제조차도 분명하게 보이면서 작아져 별게 아닌 것으로 보일 것입니다.

셋째, 「직면하는 힘」으로 용기를 내어 변화시킬 능력을 발휘하는 것입니다. 내면의 아름다움을 기르는 한편 자기를 정확히 알아야 합니다. 그래야 인정 할 것은 인정하고 단점에서 벗어날 수 있습니다. 외부에서 오는 도전에 직면할 용기도 필요하지만 오랜 습관으로 밴 성격과 조건화로 인한 자신의 단점들을 직면하는 용기도 필요합니다. 충분한 자아존중과 정직성만 있다면 우리는 단점들에 도전 받거나 비판받을 때 스스로를 들여다 볼 수 있는 좋은 기회가 되는 것입니다. 마음 상하지 않도록 어떻게든 그럴만한 이유를 살펴보십시오. 내가 혹시 지나치게 강압적이었나? 나에게 변화될 점을 본 것은 아닌가? 나는 그들의 입장에서 온전히 관심을 가져봤는가? 내가 교만하지는 않았는가? 나에게 인내심과 관용이 복하지 않았는가? 등등으로 자신을 체크해 본다면 우리의 삶에 걸림돌이던 일들이 우리를 더 강한 영적 성숙의 의욕을 고취시킬 것입니다.

넷째, 「관용의 힘」으로 우리를 늘 남을 존중하는 가운데 마음의 평화와 침착함을 유지하게 할 것입니다. 이 힘을 가지면 넉넉한 상태에서 편안하게 남들을 대하게 될 것입니다. 진정한 관용은 사랑과 이해의 심정으로 좋은 염원을 보내고 심지어 우리를 욕하고 해치려드는 사람들에게도 좋은 뜻을 품는 것입니다. 잘못된 행위가 모두 육체의식에서 비롯된다는 것을 깨닫게 되면 왜 그런 행동을 하는지 이해 할 수 있게 됩니다. 그러면 누가 어떤 잘못된 태도와 말과 행위를 하든 아무런 영향을 받지 않고 진정한 관용으로 갈등과 착각에 가득 찬 세상을 향해 사랑을 보낼 수 있는 힘이 생길 것입니다.

다섯째, 「수용하는 힘」으로 누구든 마음으로 받아들이는 여유를 가질 수 있습니다. 서로 다른 의견이나 견해를 존중하고 부정적이고 짜증을 돋우며 비위를 건드리는 사람에게도 오직 사랑만을 보내는 마음입니다. 바다가 모든 것을 받아들이듯 예기치 못한 일이 발생하더라도 관용의 힘에 의해 사랑할 능력으로 무장하면 아무런 영향을 받지 않을 것입니다.

여섯째, 「식별하는 힘」으로 지적감각으로 영적 가치를 알아보고 행동하는 식별 능력을 말합니다. 깊은 주의를 기우리면 어떤 생각과 말과 행위가 행복과 평화를 불러 오는지 알 수 있으며 슬픔과 분노를 주지 않을 것입니다. 우리는 정확한 영적인 노력을 통하여 남의 단점을 보기 보다는 장점을 보는 눈을 키우고 남에게서 미덕만 배워간다면 미덕과 부질없는 것을 구분하고 가치 없는 쓰레기들에 신경을 쓰지 않게 될 것입니다. 그래서 「공자」는 "소인은 무리를 지어야 힘이 생기고 군자는 혼자 있어도 빛이 난다."라고 하였습니다.

일곱째, 「판단하는 힘」은 정확히 결정하고 행동할 수 있게 합니다. 여기에는 분별력 있는 지각과 식별하는 힘이 필요합니다. 어떤 일이 일어나면 우리의 판단에 허점이 있을 수 있다는 현실을 직면하고 언제나 '누군가에 고통은 주지 않았나? 손해는 안 끼쳤나? 또는 이로운 것인가? 하는 질문을 먼저 해보고 본인의 행동과 말의 결과를 점검해 보아야 합니다.

여덟째, 「협력하는 힘」은 세상에 이득을 주는 과업을 쉽게 할 수 있을 것입니다. 신성에 협조하는 수단인 영적인 느낌과 가치들을 퍼뜨리는데 이 힘이 쓰여 집니다. 당신이 남을 신뢰하면 그들은 자신감이 높아지고 마음이 서로 나누는 동안 그들은 전체의 일부라고 마음으로 느끼게 될 것입니다. 그래서 손자는 상하동욕자승(上下同欲者勝)이라고 그의 병법서에 썼습니다. 협력하는 당신의 힘에는 영적인 태도를 널리 퍼뜨릴 수 있는 영향력이 내재되는 것입니다.

우리는 이 여덟 가지 영적인 힘은 영적 지식과 미덕이 조화롭게 발휘 되면 영혼은 온전한 가운데 순수성을 얻게 될 것 입니다. 영혼이 안정되어 있고 원숙하며 온화하고 자비롭고 베풀면 영혼은 충만하고 평화로워 편안한 상태에 머물게 됩니다. 이렇게 되면 영혼은 관용의 힘으로 넉넉히 용서할 수 있고 깨달음의 길에서 궁극적으로 모든 힘을 성취하여 육체의식 즉 탐(耽), 진(瞋), 치(痴)에서 벗어나 자유로워질 수 있는 것입니다. 우리들의 미덕이 눈에 뚜렷이 나타나 보이도록 노력한다면 영혼은 사랑을 화복하고 사랑의 형상 그 자체가 될 것입니다.

마음에 일어나는 모든 것들은 정신작용으로 비록 텅 비어 형체가 없지만 이 세상의 모든 것을 만들어 내는 주체가 되는 것입니다. 그러므로 마음을 어떻게 다스리는 가에 따라 그 형체가 아름답게도 되고 더럽기도 되는 것입니다. 마음이란 것은 발도 없고 손도 없지만 메아리보다 빠르게 울려 퍼지니 참으로 지키기가 어려운 것입니다. 또한 마음은 새털보다도 가벼워서 붙잡을 수 없어 오직 욕망을 따라 나아갑니다. 그러므로 마음을 다스린다는 것은 아주 훌륭한 일이며 지혜로운 사람은 마음의 근본을 바르게 하며 자신을 다스리는 현명함이 더욱 깊어 편안함에 머무르게 되는 것입니다.

마음을 다스리는 힘은 명상을 통해 얻어지는 것입니다. 앞에서 제시한 '마음을 고향으로 이끌기'가 바로 영혼을 성장시키는 수행의 방법입니다. 영혼 즉 마음을 밝히는 것은 행복입니다. 그래서 부처님은 「법구경」에서 "만족이 가장 큰 재산이며 신뢰가 가장 귀한 친구이다. 그리고 가장 큰 이익은 건강이다. 그러나 마음의 평안보다 더 행복한 것은 없다."고 말씀하셨습니다.

이제 우리는 우리의 영혼을 성장시킨 힘으로 그 신성한 사랑을 봉사라는 것으로 실천하게 될 것입니다. 우리가 영적인 신념을 가지고 실제로 실천 한다면 그 신념은 우리의 삶속에서 가장 큰 힘이 될 것이며 내면을 아름다움으로 채우고 지혜와 힘으로 자연스럽게 표출 될 것입니다. 우리는 판단 없이 바라보면서 사랑을 드러내고 교만함이 없이 사랑을 가르치며 단순하게 행동함이 사랑이 될 것입니다. 우리가 사랑이 되면 구차제정(九次第定)이 되고 우리의 삶의 여정이 계속되는 동안 영향력도 커질 것입니다.

어느 누구도 변화시킬 필요도 없이 그저 누리 자신 만이 변하면 나머지는 사랑이 알아서 변화시켜 줄 것입니다. 그래서 「김수환」추기경은 "사랑이 머리에서 가슴으로 오는데 60년이 걸렸다,"하셨는지 모릅니다.

17. 죽음과 함께 숨 쉬는 삶

디팩 쵸프라(Deepak Chopra)의 「죽음 이후의 삶」에서 "無에서 새로운 생명을 만들어 내는 것이야 말로 바로 의식의 목표인 것이다. 이런 능력을 일러 「환생(Reincamation)」이라고 한다."라고 하였습니다.

환생이란, 우리가 죽고 나면 영혼이 다른 사람의 몸을 입고 이 세상으로 다시 돌아오는 것을 의미합니다. 인도에서는 사람들 마다 왜 자신이 현재의 특성을 가지고 태어났는지 궁금해 한다고 합니다. 그래서 그들은 성직자, 철학자, 구루(Guru : 힌두교의 교사, 또는 지도자를 의미함) 점술가들은 일반인들에게 그 과정을 설명하기 위해 존재한다고 믿고 있습니다.

또 티베트에서는 달라이 라마 등의 지도자들은 예전의 정체성을 그대로 가지고 환생한다고 믿고 있습니다. 달라이 라마는 티베트에서만 환생이 일어나지만 때로는 다른 곳에서도 일어난다고 합니다. 10여 년 전에는 위대한 라마의 환생을 찾아 스페인의 한 가족을 찾은 일도 있었습니다. 또 인도의 유명한 지도자인 「마하트마 간디」 역시 그 추종자들에 의하여 옛날 위대한 구루의 환생이라고 하였습니다.

사람들은 누구나 전생에 누구였으며, 전생에서 당신을 만났는지 궁금해 합니다. 「붓다」 부부의 인연에 대하여 "수천의 생을 반복한다 해도 사랑하는 사람과 다시 만날 수 있는 가능성은 아주 드물다. 그러니 지금 후회 없이 사랑하라. 사랑할 시간이 그리 많지 않다. 〈입보리행론〉"라고 말씀하셨습니다.

그러나, 기독교에서는 이 환생을 정면으로 반박하고 있습니다. 현재의 삶 이후에 두 번 구원 받는 것은 용납하지 않습니다. 환생은 새로운 몸을 얻어서 노력함으로 전생에서 지은 죄에 상응하는 선행을 행하여 구원을 받을 수 있다고 보는 것입니다.

전생과 사후 세계를 보고 온 이들은 모두 하나의 공통점을 갖는다는 것입니다. 즉 전생을 기억하는 아이들, 유체이탈을 했던 사람들, 임사체험자들입니다.

"한 아이는 부모님께 신(God)은 영어나 스페인어처럼 언어로 말하지 않는다고 했습니다. 이런 이야기는 천계에서는 텔레파시로 서로의 의견을 소통한다는 밀교(密敎)사상과도 일치하고 있습니다. 임사체험자들도 내세에서는 말로 하고 듣는 것이 아니라 시각이나 계시를 통해 알게 되었다."고 이야기 하고 있습니다.

만약 우리가 전생에서 일어난 모든 일을 기억하고 있다면 정서적으로 커다란 문제가 될 것입니다. 환생은 기억의 공백을 만듭니다. 한 생의 기억을 다음 생으로 이월시키는 사람은 거의 없습니다. 이렇게 생애와 생애 사이의 공간에서 자기 동일성이 만들어지는 것입니다. 어떤 경우는 전혀 다른 동일성을 만들기도 하고 현제와 같은 동일성을 가진 존재로 되기도 합니다. 인간은 유전자가 자신의 복제를 만들어 내기도 하지만 전혀 새로운 의식을 갖는 존재로 태어나기도 합니다. 서로 다른 욕망, 꿈, 신념, 그리고 열정을 가지고 서로 다른 의식을 소유하는 그런 존재들입니다. 그러기 때문에 한 생애의 마지막에 이르러 선업과 악업이 균형을 맞추는 일도 자연스럽고 확실한 일이 될 것입니다.

신경생리학자들은 두뇌의 서로 다른 부분을 통합시키고 연결시키는 알 수 없는 힘을 "연결효과(Binding Effect)"라고 부릅니다. 인간의 두뇌를 촬영하는 기술이 발달하면서 두뇌가 생각하고, 느끼고, 감각할 때 특정한 영역이 독립적으로 움직이는 것이 아니라 여러 영역이 서로 협력한다는 것을 알게 되었습니다. 그러므로 인간의 모든 사고는 두뇌 전체의 활동인 것입니다. 그러기에 인간의 단순한 생각도 여러 가지 복잡한 과정을 통해 이루어진다는 것입니다. 즉 옳고 그른 것에 대한 도덕심, 도움 받지 못하고 희생 될 것 같은 기억들, 동병상련(同病相憐)의 공감, 그리고 자비심이나 사회에 대한 의무 등등이 두뇌의 여러 부분이 존재하는 요소들이 서로 맞물려 개인의 독특한 패턴이 창조되는 것이지요. 내가 단 한 가지 생각을 떠 올릴 때도 내 두뇌는 그 생각을 유지하기 위해 넓은 범위에 걸쳐 작동하게 되는 것입니다. 카르마 역시 우리의 안정성을 유지하기 위해 엄청난 경우의 수를 조합하게 되는 것입니다. 그래서 두뇌는 변화와 안정성을 공존 시키는 것입니다. 우리의 두뇌는 안정성이 자유롭고 창조적이며 예측할 수 없는 사고의 틀을 만들어내고 있는 것에 우리는 놀라지 않을 수 없습니다. 그래서 무한히 유연하고 동시에 무한히 유연하지 않기도 한 알 수 없는 힘은 우리가 모르는 사이에 자유롭고 새롭게 만들어가고 있는 것입니다.

티베트에서는 "이승과 저승사이의 단절에 빠지는 법이 없다."고 말합니다. 이는 연속성의 보존입니다. 티베트의 「사자의 서(Tibetan

Book of the Dead)」는 중단 없는 의식의 흐름에 죽어 가는 삶이 잘 연결되어야 한다는 신념에서 죽어가는 의식과정을 아주 자세하게 묘사하고 있습니다. 이 책은 의식단계의 여러 가지 변화에 대하여 너무나도 자세하게 설명하고 있으며, 불교도들에게는 한 평생이 걸리는 바르도에 도달하는 다양한 길을 제시하고 있습니다. 그래서 티베트인들은 그들의 신앙체계 밖에서 방황하기를 원치 않습니다. 그들은 이 자유에 이르는 지름길의 어느 지점에 있기를 기대하고 있습니다.

우리들은 카르마가 이 생에서 다음 생으로 따라 다닌다는 생각을 항상 마음 속에 간직하고 살아가고 있습니다. 우리는 지금의 삶 속에서 한 모든 행위는 다음 생으로 반향 되어 들어가고, 그리고 현재의 무작위적 행동처럼 보이는 어떤 행동들도 우리의 과거 생에 연결되어 있다고 믿고 있습니다.

환생의 개념은 인간은 죽으면 육신은 벗지만 자신에 대한 의식은 지니고 있는 것입니다. 그래서 자신이 누워 있는 방을 볼 수도 있고, 육신이 가지고 있던 그 감각을 얼마동안 유지하기도 합니다. 전통적으로 인도에서는 사람이 죽으면 한동안 시신을 그대로 놓아두는데 그것은 사람이 죽어도 의식은 육신에 대한 감각을 얼마동안 지니고 있다고 보기 때문입니다.

영혼의 관점에서 보면 단절되었다는 느낌은 환상일 뿐입니다. 내면의 자아와 단절된 사람은 현세에서도 고전했던 것처럼 내세에서도 그렇게 좌절된 상태에 놓일 것입니다. 그들에게 인과는 분명 있으며 소외된 감정, 고독감, 피해의식, 내팽개쳐진 느낌, 관리 받지 못하고 권력에 농락당하고 있다는 감정들이 부딪친다는 것입니다. 이런 혼돈의 상태가 되면 내세에서도 혼란스럽고 두려운 고통이 될 것입니다.

우리는 우리의 가장 가까운 생애에서 가지고 왔던 카르마를 이제 완전히 소멸하고 새로운 카르마의 씨앗을 싹트게 해야 합니다. 이렇게 할 때 우리의 정신 속으로 들어온 새로운 것들은 오랫동안 천복을 받게 될 것입니다. 죽으면 우리들은 우리들의 영혼이 소유한 의식의 갭 사이에서 소유했던 지식은 모두 잊어버리게 됩니다. 반면 아주 가까운 진리만 보유함으로써 겨우 동경할 만한 것을 움켜쥘 뿐입니다. 그래서 붓다는 「법구경」에서 "명상에서 지혜가 생긴다. 생(生)과 사(死)의 두 길을 알고 지혜가 늘도록 자기 자신을 일깨우라." 하고 있습니다. 우리는 죽음 명상을 통하여 우리의 영혼을 밝고 깨끗하게 해야 한다는 것이지요.

배우는 사람은 반드시 꽃을 피우고 열매를 맺고 거짓을 진실로 되돌려야 한다는 것을 밝혀내게 될 것입니다. 어떤 사람이 욕망의 굴레 속에서 벗어 날 것인가 그 캄캄한 감옥을 버리고 천계(天界: 선한 행동의 보과로 좋은 곳 즉 불교에서의 극락정토를 말 함)로 갈 것인가? 는 우리가 얼마나 마음을 닦고 영혼을 성장시키느냐에 달려 있다는 것입니다.

내 영혼의 밝음을 위해 오늘 나는 무엇을 어떻게 할 것인가?

인간의 신념체계는 인간의 두뇌에 붙박이로 있는 '실질적 유전자'라고들 합니다. 영국의 진화론자 「리챠드 도킨스(Richard Dawkins)」는 이를 '밈(Memes)이라고 명명했습니다. 밈은 사람에 의해 퍼지는 바이러스에 비유되곤 합니다.

독일의 철학자 「니체」는 "잘못된 사상은 세대에서 세대를 거치면서 점점 크게 자란다. 사람들이 계속해서 그것을 믿기 때문이다. 그것은 자라면서 어느 한 부분이 되었다가 끝에 가서는 항상 본질이 되고 결과적으로 큰 힘을 발휘하게 되는 것이다."라고 말했습니다. 신념, 즉 정신의 장은 선하거나 악한 신념을 우리에게 커다란 영향을 준다는 것을 의미합니다.

우리는 이런 신념에 휘둘리지 않기 위해서는 열린 마음을 가져야 할 것입니다. 열린 마음을 갖기 위한 노력을 「디팩 쵸프라」는

"첫째, 어떤 성장 단계에 있든 자신이 가진 세계관을 자아와 동일시하고 있다는 것을 늘 자각해야 한다.

둘째, 세계관과 동일시하고 있는 자기 모습은 일시적임을 인정하고, 궁극적인 통일성에 도달하기 전까지는 참된 나가 아님을 인지해야 한다.

셋째, 매일 자아 동일성을 변화시키려고 노력하며, 유연한 태도를 가지고 그저 일시적으로 존재하는 나를 붙잡으려고 하지 말아야 한다.

넷째, 판단을 미루고 앞으로 변화시켜야할 무조건적인 생각과 개념을 찬찬히 관찰해야 한다.

다섯째, 저항감이 생긴다면 그대로 지나가게 내버려두고 새로운 해답 그 자체가 떠오르도록 공간을 비워두어야 한다.

여섯째, 저항감을 내려놓을 수 없다면 자신을 용서하고 그대로 계속 나가야 한다.

일곱째, 사람마다 갖고 있는 저마다의 다른 시각과 관점도 타당하므로 모든 체험이 가치 있을 수 있음을 인정하고 스스로에게 모든 가능성을 열어두어야 한다." 라고 하였습니다.

이런 열린 정신 앞에 드러내 놓고 아무런 판단도 하지 않고 영혼이 더 성숙하도록 고양해 나가야 할 것입니다.

우리가 영혼의 성숙을 위해 떨어내고자하는 것은 에고는 에너지, 신념 그리고 구조입니다. 불교에서 말하는 탐(耽), 진(瞋), 치(痴)의 삼독에서 벗어나야 한다고 하는 의미와 같을 것입니다.

이 세 가지는 매우 유기적으로 붙어 있어서 우리는 매일 같이 이를 체험하고 있습니다.

「에너지」 모든 정신적 경험은 고유한 에너지 패턴을 지니고 있어서 기억, 정서, 감성과 같은 형태로 반사됩니다. 이런 모든 것들이 다양한 욕구 감성들로 떠오르게 됩니다. 우리는 이런 고정된 에너지는 꿈, 통찰, 상상력, 감정해소, 고백, 기도, 화해, 명상 그리고 사랑으로 해소할 수 있습니다.

「신념」 우리는 신념을 통해 정신의 미묘한 단계로 내려갑니다. 신념은 정적인 것이 아니라 행동으로 나타납니다. 그러므로 우리 내부의 신념은 우리의 행동으로 나타납니다. 우리가 신념이 갖는 집착을 자각한다면 신념의 구속으로부터 벗어날 수 있습니다. 신념이 믿는 편견으로부터 벗어나는 순간 우리는 새로운 방식으로 세상을 볼 수 있을 것입니다.

「구조」 구조는 인성의 기본을 말합니다. 삶에 대한 비젼, 지금 이곳에 존재하는 목표 존재에 대한 시각, 그리고 고통과 즐거움에 대한 개인의 태도인 것입니다. 우리는 자신의 신념과 에너지에 함몰되어 구조의 중요성을 가끔 망각합니다. 구조는 이 생애를 살아가는 우리가 몸을 싣고 가는 수레와 같은 것입니다. 그 수레가 없으면 우리에겐 나라고 부를 만한 어떤 동일성이 없는 것입니다. 우리가 구조를 갖추지 못하면 에너지의 구름만 있게 됩니다. 구조를 지켜볼 때 '나'라는 존재가 존재되는 것입니다. 새로운 구조를 정신에 구축하는 일 자신의 인생을 영적인 관점에서 새롭게 하여 내가 영혼과 만나는 정거장에 서는 일이며 자유로운 인식을 얻는 순간이 될 것입니다. 그런 진화를 위해 「디팩 쵸프라」는 「죽음이후의 삶」에서 "첫째, 정신 속의 구조는 에너지를 조직해서 더 지고한 목적의 쓰임새로 만든다. 둘째, 구조는 우주 체험과 이 생애를 연결 시켜준다. 셋째, 구조는 우리가 더 지고한 자아로 변형될 수 있는 길을 열어 준다. 넷째, 구조는 우리를 진화의 힘에 노출시켜준다."고 하였습니다.

죽으면 어떤 일이 일어날지 설명하려고 애쓰면 쓸수록 죽음은 더욱 기적처럼 보입니다. 죽음은 이쪽 세계에서 또 다른 세계로 건너가는 것으로 우리는 과거의 '나'에서 껍질을 벗고 '내가 존재 한다'는 영혼의 정체성으로 귀의 하는 것입니다. 그리고 새로운 생명을 받아 독특한 생명 요소를 조합하여 우주라는 장에 창조적 도약과 끊임없는 변화를 가능하게 하는 것이라고 생각합니다.

마음의 본성은 텅 빔입니다. 이 마음의 본성으로 가는 문지방은 고요의 바다와 같습니다. 이 고요의 문지방을 넘어 실재가 태어나는 방으로 들어가야 합니다. 그곳은 우주의 원천으로 창조하는 실존(Sat), 의식(Chit), 그리고 미래의 에너지인 진동 가능성(Ananda)입니다. 샤트(Sat)는 실존, 진리, 실재라는 뜻이며, 치트(Chit)는 마음과 의식이고, 아난다(Ananda)는 축복입니다.

인간은 모든 의식이라는 동일한 장에 연결되어 있어 공간을 넘어서 가능성의 상태로 존재하는 것입니다. 「프린스턴 대학」의 유명한 물리학자 「존 휠러(John Wheeler)」는 "우주의 모델을 만드는 우리 과학자들은 빵집 창문에 코를 박고 안에서 제빵사가 과자를 굽고 빵을 담는 모습을 바라보는 처지와 같다. 그러나 관찰자와 우주 자체를 구분해주는 유리창은 존재하지 않는다."라고 주장하였습니다. 모든 사람들이 기도하면 이루어진다는 진리도 과학자들은 입증해 냈습니다. 그래서 모든 인간은 의식의 장에 연결되어 있는 것입니다. 이 의식의 장 즉 텅 빈 공간 마음의 본성은 하나의 전체처럼 움직이며, 서로 다른 사건을 즉각적으로 연관시키고, 모든 사건을 기억하며, 시공간을 넘어 존재하며, 그 자신 안에서 창조하고, 그것이 하는 창조는 진화하는 방식으로 성장하고 확장해 나가는 것입니다.

미래의 어느 날 우리는 영혼의 근원인 우주의 장 즉 마음의 본성으로 돌아 갈 것입니다. 생명의 목적이 너무나 뚜렷하게 우리의 마음속에 밀물처럼 몰려들어오면 매 순간 삶은 새로워지고 실재를 보는 순간 마다 나의 존재 자체에 감사하고 감동하며 죽음에 대한 두려움과 공포가 슬그머니 사라질 것입니다. 이 순간 죽음의 존재를 기꺼이 받아들이게 될 것입니다.

인도의 시인 「타고르(Tagore)」는

“내가 태어나 빛을 보는 순간
나는 이 세계의 이방인이 아니었다.
알수도 없고, 형체도 없고, 말도 없는 그 무언가
내 어머니의 형상으로 나타났다.
내가 죽으면 알 수 없었던 그 무언가가 다시 나타나겠지
지금까지 내게 알려졌던 것처럼
그리고 내가 삶을 사랑했듯이
나는 죽음까지도 사랑할 수 있으리라.”

라고 역동적인 묘사로 그는 노래했습니다.

죽음이 없으면 현재도 없으며 앞선 마지막 순간이 죽어야 새로운 다음 순간이 태어나는 것입니다. 앞선 사랑이 죽어야 현재의 사랑이 태어나며 앞선 생이 죽어야 현재의 삶이 탄생하는 것입니다. 그래서 우리는 매일 죽고 매일 태어남을 반복하고 있다는 사실을 잊지 말아야 하며 오늘 지금 이 순간을 사랑하고 소중하게 여기는 삶을 살아야 할 것입니다.

우리는 삶과 죽음을 떼어놓고 살아갈 수 없습니다. 항상 죽음과 함께 호흡하며 살아간다는 사실입니다. 삶과 죽음은 영원성 안에서 서로 어울려 함께 덩실덩실 춤을 추는 것입니다.

이 아름다운 텅 빈 공간의 무도회에 우리 모두 함께 참여할 시간인 것 같습니다.

쌓아 놓았지만 버리고 베푸는데 인색하지 않는가. 갈 땐 너도 빈손 나도 빈손 너도 알몸 나도 알몸인 것을 인심이나 쓰고 가야 하지 않을 까요. 오늘 이 순간이 금생의 가장 젊은 시간이니 지금부터라도 베풀고 배려하며 죽음의 소리를 들으며 삶을 돌아보는 혜안이 필요한 것입니다. 죽음의 무도회 아무것도 없는 무한광명의 조명아래 축제의 무도회는 항상 열려 있는 광장입니다. 아름다운 마무리의 장을 축제를 준비하듯 해야 하지 않을까요?

물은 절대로 거꾸로 흐르지 않습니다. 아무리 지나간 세월을 후회해도 소용없고 되돌릴 수 없는 게 인생사인 것을 이제 훌훌 털고 과거에 매달리지 말고 인생의 도정에 미련을 버리고 죽음에서 삶의 지혜를 배우 법, 즉 죽음과 함께 호흡하는 삶의 지혜를 배워야 하지 않을까요?

그림자

낡은 사진속으로
빠져들어간 시선
앵글에 묶여 나올 줄 모르고

바람처럼 흘러간 세월은
흔적이 없는데
달빛에 가라앉은
그림자가
빤히 쳐다본다

Ⅱ. 죽음 언저리에서 생각하는 것

1. 버킷리스트가 있는가?
2. 자살을 생각해본 적이 있는가?
3. 믿는 종교가 있는가?
4. 죽음이 무섭지 않은가?
5. 무엇을 가장 후회하는가?
6. 내 삶의 우선 순위는?
7. 당신의 삶은 불행하거나 우울 했는가?
8. 무엇이 가장 그리울까?
9. 당신은 어떤 사람으로 기억되고 싶은가?
10. 나는 어떤 죽음을 맞이하고 싶은가?
11. 영혼을 성장시키려면
12. 아름다움은 어디에 있을까?
13. 사색은 삶을 여유롭게 한다

1. 버킷리스트가 있는가?

나의 꿈은 초등학교 3학년 때부터 글을 쓰는 작가였습니다. 시인이든 소설가이든 그래서 나는 만화를 좋아했습니다. 그때 뽑기에 만화가 뽑히면 펄쩍펄쩍 뛰며 좋아했습니다.

중학교 때까지 모은 만화가 500여권이 넘어 만화 빌려주는 가게를 만들 정도였습니다. 그때 유명한 만화가가 박기당, 김종래 등의 만화를 보면서 글쓰기의 꿈을 키웠습니다. 물론 내 할아버지와 외할아버지의 영향도 있었습니다. 초등학교 2학년 때 돌아가신 할아버지의 지극한 사랑과 교육열도 영향을 주었습니다. 그리고 초등학교 3학년부터 외할아버지 옆에서 한문 공부와 삼국지 읽기와 외할아버지의 한약방 일을 도우면서 익힌 한자실력과 친구 분들이 모여 낭독하시는 한시를 들으면서 나는 글쓰기의 꿈을 키웠던 것 같습니다.

고등학교에 다니면서 시인이신 국어선생님의 영향을 받고, 또 웅변을 하면서 서울대학교 법대에서 주최한 토론대회에 나가 최우수상을 받으면서 제법 말하기에 자신이 붙어 춘천중학교에 근무하시던 전상국선생님의 웅변지도를 받고 율곡선생 대전의 전국웅변대회에도 참가하면서 스스로 쓴 원고를 가지고 웅변을 한 경험이 글을 쓰는 체험을 하게 되었습니다.

그 후 전상국선생님과 이덕성선생님의 지도에 힘입어 백홍기형과 이무상형 등과 함께 춘천크리스쳔문학회를 결성하고 문학도로 제법 껄렁이기고 다녔습니다. 그때 줄판을 이용해 〈산 너머 저쪽〉이라는 시집을 백홍기형과 함께 제작하였는데 지금도 그 시집을 보면 참으로 유치하기 그지없습니다. 그렇게 글쓰기를 시작하여 1970년 강릉교육대학 재학 당시 강릉 성남동에 있는 용다방에서 시화전을 열기도 하였습니다. 그때 쓴 "구더기"라는 시가 중앙지에 소개되어 류성렬학장님으로부터 격려의 말씀을 들었을 때는 참으로 신이 나기도 했습니다.

그 후 현직에 나아가 글짓기지도를 하면서 제자들이 공모전에 나아가 입상을 할 때는 참으로 날 것 같은 기분이었습니다. 1971년 양구 팔랑초등학교에 첫 발령을 받고 대한적십자사가 공모한 초등학교 글짓기 대회에서 정영숙어린이가 쓴 "징검다리"라는 산문이 전국최우수상을 받아 마을이 떠들썩하게 축하를 받았습니다. 나는 글짓기에 더욱 정진을 하고 있을 무렵 흥사단을 통해 안병욱교수님과 박목월, 김종상 선생님 등 한국의 유명작가님들을 만나게 되면서 나의 글은 더욱 발전하게 되었고 선생님들의 사사를 받으면서 문단으로 향한 꿈은 더욱 커갔으나 1973년 신춘문예에서의 문제로 문단에 대한 회의를 느끼면서 꿈을 접었습니다. 그러나 아이들의 꿈을 접게 할 수는 없어서 양구초등학교 동시반 학생들의 글을 지상발표를 하게하고 또 일년 간 지상에 발표되었던 학생들의 작품을 시화전을 열어주어 어린이들의 꿈을 키우는데 혼신을 하였습니다.

1974년 봄 뜻하지 않은 발령, 아니 필연의 인연을 만나기 위한 인연의 이동이었는지도 모르는 발령으로 옥계면 남양초등학교로 근무지를 옮기면서 자연 속으로 빠져들며 사랑에 빠진 것 같았습니다. 그러나 글쓰기에 대한 꿈은 마음구석에서 떠나지 않은 것 같았습니다.

망상초등학교에 근무하면서 파란 바다의 파도와 바람을 가슴으로 읽으면서 메모하는 습관은 어디로 가지 않은 듯했습니다. 1975년 강원도 민방위교육 강사로 화진포에서 도내 민방위 담당자와 보건소직원들에게 응급처치와 민방위교육을 하면서 신혼의 아내와 함께 아름다운 화진포 앞바다에서 보내며 바다에 대한 꿈과 자연의 아름다운 지혜를 배우는 여행을 통해 인간 냄새가 가슴을 울렁이게 했습니다. 이 울렁이는 마음이 그리움으로 변하고 그 그리움이 나의 글이 되고 글쓰기는 세상의 모양을 만들고 세상을 견딜만하게 만들었습니다.

어머니는 나를 역마살이 끼었다고 했습니다. 그래서 그런지는 몰라도 나는 여행을 즐겼습니다. 어려서는 5일장을 다니시는 어머니를 따라 우리나라의 유일한 스위치백이 있는 지금의 삼척시 나한정역에서 심포역 그리고 통리 재를 오르내리는 여행도 했고, 장성 장에서 경상북도 춘양 장을 거처 영주 장을 보고 다시 야간열차를 타고 동해로 돌아오는 장돌뱅이 경험도 마다하지 않았으며 5학년이 되던 해는 용돈을 번다고 여름철 아이스 케익 통을 메고 북평해수욕장을 누비며 얼음장사도 해보았습니다.

고등학교 때는 무전여행을 하면서 사람 사는 냄새와 인정어린 우리네 삶의 현장을 경험하며 헛간에서 잠을 자기도 하였습니다. 성인이 되면서 중국, 일본, 유럽과 동남아를 여행하며 우리 역사의 아픔과 흔적을 찾아보면서 조상들의 쓰라린 역사의 흔적들에 푹 빠져 고대사에 몰입되기도 하였습니다.

그 아픔과 삶이 여행을 통해 내가 세상을 바라보는 작가로서의 행복을 누리는 까닭이 된 것 같습니다. 글 쓰는 시간이 행복한 이유이기도 합니다.

2. 자살을 생각해본 적이 있는가?

나는 자살을 생각해본 적이 있습니다. 아니 자살을 시도해본 적이 있습니다. 내가 고등학교를 졸업하던 해 나는 사관학교에 시험을 보아 합격을 하였습니다. 그런데 가입교를 하는 과정에서 훈련도중 퇴교를 당하게 되었는데 바로 연좌제로 인해 나는 장교가 될 수 없다는 것입니다. 6.25를 통해 우리 집안은 풍비박산이 났는데 집안에 좌익을 한 친척이 있어 연좌제에 묶여 장교의 자격을 박탈당하여 사관생도의 꿈이 무너져 집으로 돌아왔을 때는 참으로 앞길이 막막하였습니다.

이미 모든 대학의 입학시험은 끝났고 참으로 암담하고 자신의 꿈이 무너지는 황당한 일을 당하고 나니 사춘기의 예민한 감정을 누를 수 없어 자살을 시도했으나 발견이 빨리 되어 의사선생님과 한의원인 외할아버지께서 달려와 위를 세척하여 살아났습니다.

그때 다시 살아난 나를 외할아버지께서 "죽으려면 멀리 나가 아무도 없는 곳에서 죽고, 홀어머니를 두고 에미(어머니) 옆에서 죽으려면 먼저 네 에미를 죽이고 나서 죽어야지 죽어서 이웃에 폐를 끼치고 가슴에 못을 박으며 죽는 것은 사나이로서 가장 못난 죽음이다."라고 하시며 "죽을 힘으로 삶을 살아보라"고 하셨습니다. 아마 그 이후로 나는 내 삶의 방식을 바꾸어 어떤 일이든 끝까지 하는 버릇이 생겼는지 모릅니다.

자살을 시도 했을 때 그 기분은 참으로 허망하였습니다. 죽음이

다가오는 순간 살고 싶은 마음이 솟아올랐고 '살려 달라'고 소리쳤지만 내 입 속에서 말이 나오지 않았습니다. 자살을 시도한 그날 이후 나는 한 번도 죽음을 생각해 보지 않았지만 다시 살아난 이후 내 삶은 덤이라는 생각으로 남은 삶을 열심히 살려는 생각이 커진 것 같습니다.

지금 생각해보면 참으로 어리석은 생각이 들어 가끔 그 일을 생각하며 혼자 피식 웃곤 합니다.

선물

지난밤에
나는 선물 상자를 버렸다

흐트러진 일상이 텅 빈 상자 속에서
나를 빤히 보고 있다

어제 죽은 그대가 그렇게 기다리던
아침이슬과 풀벌레소리
향긋한 꽃냄새까지
그냥 쓰레기통에 처박았다

기적 같은 하루라는 선물을

3. 믿는 종교가 있는가?

나는 종교에 귀의하지 않았습니다. 신을 믿지는 않지만 신에 대한 믿음은 있습니다. 지금은 불교에 관심이 많아 늘 절에 가면 기도를 하고 사찰을 돌아보는 버릇이 생겼고 불교를 혼자서 조용히 공부하기도 합니다.

어린 시절 교회에서 운영하는 유치원에 잠시 다닌 적이 있었지만 어머니가 독실한 불교 신자였기에 어머니 손에 이끌려 절에 다닌 적이 있었습니다.

고등학교 시절 친구들과 어울려 교회에 나가 학생회 회원으로 활동을 하며 성경 공부를 하였으며 대학 때는 주일학교 선생님도 하고 학생회 지도교사도 하면서 성경을 공부하는 독실한 신자생활도 했지만 교사로 발령을 받으면서 목사님과 제사문제로 다툼이 생기면서 교회에 대한 믿음이 바뀌게 되었습니다.

나는 우리나라의 조상을 모시는 제사가 우리 민족의 문화로 이해해야 한다고 했는데 목사님은 미신이고 하느님 외의 신을 모시는 것이라고 절대로 안 되는 것이라고 하여 논쟁이 일어나 나로서는 이해를 할 수 없어 교회를 떠나게 되었습니다.

지구상에서 유일하게 온돌 문화를 가지고 있는 우리 민족은 어른들이 책상 다리를 하고 방에 앉아 계시기에 서서 인사를 할 수 없어 늘 절을 하는 문화가 생겨났습니다. 서양이나 중국은 침대를 사용하기에 서서 목례를 하거나 악수를 합니다. 그래서 그들은 묘지에 가서도 목례를 하는 것이라 생각합니다.

우리는 평소 방에 앉아 계시는 어른에게 엎드려서 절을 하는 문화이기에 묘지에서도 절을 하고 제사를 지낼 때도 절을 합니다. 가정에서 설이나 오랫동안 집을 떠나게 되거나 오랜만에 집에 돌아오면 부모님과 어른들께 절을 드립니다. 이런 우리의 문화를 이해하고 문화로 받아들이는 기독교의 태도가 오늘날에도 매우 중요한 것이라고 봅니다. 문화를 보존하고 계승발전시키는 것이 진정한 문화민족이고 선진 국가로 가는 바탕이라고 생각합니다.

생사학을 공부하면서 영혼의 문제를 다루게 되면서 내 삶이 인연에 의해 윤회의 바다에서 떠돌고 있는 중생이라는 생각이 깊어지고 또 오늘의 삶이 죽음 이후의 삶을 결정할 수 있다는 생각이 문득 문득 들면서 사후 생에 대한 생각이 깊어지면서 요즘은 불교에 대한 관심이 조금씩 깊어가는 것 같습니다.

4. 죽음이 무섭지 않은가?

나도 죽음이 무섭습니다. 하지만 늘 그런 것은 아닙니다. 내가 자살을 시도 했을 때도 그러 했고 또 교직 생활 41년을 마치고 퇴임식을 하던 날 내출혈로 쓰러져 병원으로 가는 중 "아, 이것이 죽음이구나." 하는 생각이 들었을 때, 온 몸이 차분하게 긴 수렁에 빨려 들어가는 것 같은 느낌이 들면서 의식이 희미하게 사라져 갔고, 다시 의식이 돌아 온 것은 응급실에서 응급처치를 받고나서 입니다.

의사 선생님이 "5분만 늦었어도 매우 위험 했다."는 말을 들었을 때 입니다. 그래서 죽음과 맞닥뜨려 보았습니다. 원인을 찾으려고 수없는 검사와 CT 촬영을 하여도 찾을 수 없고 내출혈은 며칠에 한 번씩 되풀이되면서 담당 의사선생님도 긴장을 하였습니다. 출혈기미만 있으면 곧바로 촬영을 몇 번을 되풀이 했습니다. 내시경을 통해 대장을 검사한 결과 대장내의 게실이 터져 출혈을 하였는데 한 곳이 아니라 일곱 곳에서 사건이 발생한 것입니다. 그 일곱 곳이 오른쪽 대장에 모두 모여 있어서 25cm 정도의 대장을 잘라 내기로 결정을 하고 밤 12시에 수술실로 들어갔습니다. 수술이 막 끝났을 때 나는 내 몸에서 유체이탈을 하였고, 내 대장을 잘라내어 그 부위를 들고 수술실 밖으로 나가는 외과 담당 김 박사를 따라가고 있었습니다. 수술실 밖에서 초조하게 기다리던 집사람과 집사람의 친구를 보고 내가 손을 흔들었지만 집사람은 나를 보지 못했습니다. 김 박사가 잘라낸 대장을 가지고 '게실'이 터진 부위를 설명하는 데 가장 의심스러웠던 곳이 두 곳인데 그곳은 매우 얇고 약간 터져 있었고 다른 다섯 곳도 언제 터질지 모르는 상황이라서 아예 원인을 모두 제거하느라 시간이 좀 걸렸다고 설명을 하였습니다. 이제 회복실로 갔으니 조금 기다리면 병실로 가게 될 것이라고 했습니다. 집사람은 내가 보이지 않는 것입니다. 내가 손으로 집사람의 등을 치면서 "나 괜찮아"하고 말해도 느끼지 못하고 있었습니다. 그 때 내 몸이 나를 찾는 것 같아 나는 다시 내 몸으로 돌아갔습니다. 그러면서 내가 소리를 질렀습니다. 간호사가 달려와 통증이 조금 있을 것이라고 안심을 시키면서 긴 호흡을 하라고 했습니다. 나는 깊은 숨을 내 쉬었습니다. 그리고 10여분이 지나서 희미하게 의식이 돌아오자 의사선생님이 내 눈을 확인하고 숨을 크게 쉬어 보라고 한 후 병실로 옮겨졌습니다.

수술을 하는 동안 내가 겪은 일들이 생사학을 공부하면서 임사체험의 일부라는 것을 알게 되었고, 그래서 나는 죽음 이후의 세계에 대하여 굳게 믿게 되었습니다. 그래서 나는 죽음에 조금 익숙해진 것 같습니다. 특별할 것 없는 일상적인 일입니다. 죽는다는 것은 결국 꿈의 세계로 들어가는 것과 같은 것이 아닌가 싶습니다. 그러니 좋은 꿈을 꾸겠다는 마음을 가진다면 인간은 자연스럽게 그리고 아름답게 삶을 마무리하고 죽을 수 있다는 생각에 요즘은 마음이 편해졌습니다.

지금은 죽는 것이 추하게 죽을까봐 두렵습니다. 또 불필요한 연명의료에 말려들어 내 의사와 관계없는 죽음을 맞이할까 두려워

'사전연명의료의향서'를 작성하여 등록하여 안전장치를 마련해 두었습니다. 나중에라도 내 삶을 지연할 그 어떤 연명 치료를 나는 원하지 않는다는 의사를 분명히 해둔 것입니다.

죽어서 좋은 일은 없습니다. 죽으면 믿을 수 없을 만큼 슬픕니다. 내 어머니의 사망이 그러 했고, 내 형님의 죽음, 그리고 동생의 불의의 죽음까지 죽음은 모든 사람에게 슬픔을 안겨줍니다. 그러나 죽음이 삶의 일부이고 피할 수 없는 길입니다. 이런 사실을 인정하고 평정심을 찾는 것이 중요한 것 같습니다. 시간이 널널하다고 착각해서 내 삶을 꽤 한가롭게 그리고 헛되게 보낸 것이 후회스러웠습니다. 그래서 20여 년간 자료를 찾아다니고 연구해온 '이사부'에 대한 소설을 정리해야 하겠다는 생각과 이제 남은 시간 글을 쓰며 글에 생명을 불어 넣어야 하겠다는 생각이 나를 옥죄었습니다.

그래서 퇴원을 하고 바로 '이사부'부터 정리하여 소설 〈국상이사부〉를 책과 나무사와 출판 계약을 하고 6월에 출판하였습니다.

그동안 일본의 독도 영유권 주장을 하고 수많은 사람들이 이사부에 대하여 이야기 했지만 내 나름의 정리를 통해 하슬라군주 이사부가 아니라 신라의 부흥의 기반을 닦은 인물로서 제갈 공명에 비유할 만한 업적을 세운 인물임을 정리해 보았습니다. 아직도 친일 세력에 의해 만들어진 국사를 가르치는 역사학계의 제 몸 사리는 학자들의 모습이 참으로 안타깝고, 국사를 선택과목으로 가르치는 지구상의 유일한 대한민국이 부끄러울 뿐입니다.

내 나라의 역사를 바르게 가르치지 못하면 선진국이 되어도 그 국가는 얼마가지 못해 망하게 되는 것입니다. 80년대 초 프랑스의

한 노학자가 떼제베 열차 안에서 나에게 한 말이 아직도 내 귀를 쟁쟁하게 울리고 있습니다. “환단고기”라는 책을 읽어보지도 못했다고 하니

“돌아가면 교사직을 내 놓아라, 제 나라 역사도 모르면서 어떻게 선생을 하느냐, 제자들에게 무엇을 가르치려고 하느냐?”

라며 꾸짖던 프랑스 노학자, 그 후로 이곳저곳을 시간 나는 대로 다니면서 고대사를 공부하고 관심을 가지고 여러 학자들을 찾아 다녔지만 별로 얻은 소득이 없었습니다. 그 때 안병욱 박사님을 만나게 되었고 안병욱 박사님을 통해 안호상 박사님을 만나게 되어 겨우 〈환단고기〉를 접할 수 있었습니다. 그때부터 안호상 박사님의 고대사 공부 내용을 전수 받게 되어 지금까지 고대사에 대한 공부를 하게 되었으며 중국을 방문하면서 고대사에 대한 자료를 모으기도 했으나 공직에 있는 관계로 방학 때 외에 움직일 수 없어 혼자 공부한 것이 지금 알고 있는 아주 미약하고 보잘 것 없는 내용이지만 그래도 5천년 뿌리를 조금이나마 알고 전할 수 있어 늘 감사하게 생각하고 있습니다.

죽음이라는 명제 앞에 서면서 살아있는 동안에 꼭 해야 할 일을 놓치고 간다는 것이 후회할 것 같았는데 이사부를 정리하면서 고대사의 일부뿐 아니라 우리의 후손들이 내 역사를 바르게 알아야 한다는 생각 하나만이라도 정리했다는 것이 나에게는 참으로 행복한 일이고 감사한 일이었습니다.

죽음이 갑작스럽게 다가오면 자신의 삶을 어떻게 정리할 수 없습니다. 그렇기 때문에 죽음은 두려운 것입니다. 그러므로 죽음이

내 옆에 지금 당장 와 있다고 생각하면서 오늘 한 가지를 정리하는 습관을 가져봅시다. 지금 할 수 있는 일 한 가지 말입니다.

평 진

남에 의해

기쁨, 슬픔, 아픔이
오르내리는

내 마음의 디딜방아

5. 무엇을 가장 후회하는가?

후회하는 일들이 있습니다. 과거를 돌아보는 순간 실패와 실수가 나를 규정합니다. 그러나 그것들을 빼버리면 나는 아무것도 아닌 것입니다. 그때 내가 다른 선택을 했다면 지금 어디에 있을지 참으로 궁금합니다. 만일 내가 좀 더 대범하게 선택하고, 똑똑하게 원하는 것을 얻는 방법을 잘 알았다면 지금 나는 또 어떠할까요? 누군가 나를 보고 그런 선택을 했다면 아마 이 세상 사람이 아니었을 것이라고 했습니다.

과거의 나는 여기저기를 마구 더듬으며 되는 대로 살았던 것 같습니다. 돌아보면 그런 삶이 내 삶의 의미를 찾을 수 있겠지만 과거의 삶은 너무나 조급했던 것 같고 실수투성이며 노력보다는 혹시나 하는 우연에 기대어 시간을 허비한 것과 제멋에 겨워 자만과 오만의 누더기로 살아온 것 같습니다.

고등학교를 졸업하고 진학에 실패하고 가정교사로 또 해양구조대원으로 그리고 응급처치 강사로 다양한 활동을 하면서 강릉간호고등학교, 강릉여자고등학교에서 교련을 맡아 응급처치와 교련교과를 가르치면서 사회활동에 관심을 갖게 되었고 청소년적십자 학생들과 활동하면서 많은 인맥을 쌓게 되었지만 그 때마다 경제적인 문제로 하나씩 접어야 했던 아픔은 기억해보면 그것도 아름다운 추억의 그림자들입니다. 대한적십자사 강원청년봉사회 활동을 하면서 전국의 많은 회원들과 사귀고 활동했던 일들이 훗날 해양소년단을 이끌 때

도움이 되었던 것은 사실입니다.

교사로 양구에 처음 발령 받았을 때가 1971년 3월 새마을 운동이 한참이고 이어서 유신이 이루어졌으니 격변의 시대로 참으로 많은 변화를 보면서 정치로의 유혹도 많았으나 뿌리치고 교사로 남기로 했지만 그 때 만약 나의 선택이 과감했다면 지금 나의 모습은 어떨까 참으로 궁금합니다. 그러나 지금의 내가 아닌 어떤 괴물이 되었거나 내 삶은 극에서 극으로 오르내리는 삶이 되었을 것입니다.

1982년부터 내게 찾아온 해양소년단 활동을 하면서 삼면이 바다인 우리나라의 미래는 바다로 나아가야 한다는 명제를 청소년들의 가슴에 심어주어야 한다고 나름의 의지와 열정을 가지고 1985년 "나가자 바다로! 세계로 미래로!"라는 표어를 만들어 아이들에게 꿈을 심어주며 희망에 부풀어 뒤를 돌아보지 않고 달리던 나의 모습을 지금 돌아보면 참으로 오만의 극치였습니다. 나름의 노력으로 해양소년단의 교범을 편집하고 지도자 교본을 만들고 해양탐구 교재를 제작하고 내가 아니면 안 된다는 아집에 빠져 있었던 것 같습니다. 그래도 그런 집념이 있어서 울릉도, 독도를 해군함정 지원을 받아 탐사를 했고, 우리 얼 탐방으로 중국과 일본의 우리 문화 흔적을 찾는 청소년 탐방 운동을 할 수 있었으며, 해양수련원을 만들어 청소년들에게 체계적인 수련 활동을 할 수 있는 기틀을 마련한 것 같아 나름 보람은 있었지만 내 가정에 대한 무관심과 아이들에 대한 사랑의 부족으로 아버지로서 또 남편으로서의 역할을 제대로 하지 못하여 상처를 주지 않았나 하는 점에서 늘 가족들에게 미안한 마음입니다.

대개는 살아보지 못한 삶에 대한 상상은 나의 미래가 이렇게 펼쳐지지 않을까하는 기대와 추정으로 살아보지 않은 삶이 실제의 삶보다 낫다고 생각하며 의미 있고 더 충만한 삶을 살 것으로 미련을 갖는 것이 대부분의 생각이 아닌가 싶습니다. 그런 미련을 갖게 되지만 그런 삶에도 좌절과 시련 아픔이 있게 마련입니다. 때로 장밋빛 삶을 상상도 해보면 현재의 내 비루한 삶에 화도 내 보았지만 이제는 그런 동요보다는 현재의 삶에 감사하고 또 감사합니다. 어차피 과거란 영원히 걷잡을 수 없는 그림자로 남는 추억의 시간일 뿐이기 때문입니다.

나는 내세를 믿습니다. 우리는 하늘에서 왔고 하늘로 돌아갑니다. 동그라미 원에는 바로 윤회의 사상이 숨어 있습니다. 동그라미를 그리면 처음 출발 한 곳으로 다시 돌아갑니다. 아마 우리나라의 원불교가 바로 이런 사상을 근거로 했을 것 같습니다. 우리의 영혼은 하늘에서 준 것이고 육신을 잠시 빌려 쓰다가 육신은 땅에 버리고 고향인 하늘로 돌아가는 것으로 붓다가 말한 것처럼 "죽음은 헌 옷을 벗고 새 옷으로 갈아입는 것과 같다."는 것이 아닌가 싶습니다.

이 세상은 아름다움과 더러움이 함께 동거하며 살아가는 곳입니다. 그렇기 때문에 이 둘은 떼놓기란 불가능한 일입니다. 삶과 죽음도 역시 한가지입니다. 우리나라의 내세에 관한 이야기로 유명한 이야기로 "살아서 진천, 죽어 이천"이라는 이야기는 우리 민족이 내세에 대한 문화적 바탕임을 잘 설명해 준다. 그래서 내 삶의 현재를 어떻게 가꾸는가는 내세의 내 삶을 결정짓는 중요한 잣대가 되는 것입니다. 그래서 현재의 삶을 잘 사는 사람이 아름다운 삶을 마무리 할 수 있는 것이며 우리가 살아 있는 동안의 추억들이 어떻게 만들어 지는가는 내 삶을 의미 있게 만들고 그것들을 통하여 소소한 삶의 가치를 소중하게 만든 다는 것은 매우 중요한 일이라고 생각합니다.

죽음을 통해 내 삶을 완성하는 일이라고 본다면 지금 이 순간의 삶의 모습, 고개 짓, 웃는 모습, 말투 하나하나가 소중하게 남을 수 있기 때문입니다. 이처럼 살아 있는 사람들 사이에 나타났다가 다시 망각 속으로 사라지는 기억들이 삶을 아름답게 한다는 것을 잊어서는 안 될 것입니다.

6. 내 삶의 우선 순위는?

나의 삶에서 우선 순위는 일과 가족이 우선 순위입니다. 그 외에는 내게 중요한 것이 없었습니다. 나는 내가 맡은 일에 최선을 다했습니다. 교직 생활을 하면서 담임을 맡아 학급을 경영함에 아이들의 꿈을 키우기 위해 늘 다양한 경험을 중심으로 교육을 하였고, 아이들의 발표력과 창의력을 키우기 위한 탐구학습방법을 중심으로 한 사전 조사학습과 과정을 중요시한 수학교육, 그리고 매년 학급문집을 제작하여 아이들의 추억거리를 만들어 주는 데 노력하였습니다.

가끔 담임을 맡아서 만든 학급문집들을 볼 때면 그 때의 아이들의 모습이 아른거림을 느껴 보기도 합니다. 동그라미, 씨알소리, 까르르 등의 문집들을 보며 순수하고 꾸밈없는 아이들의 눈망울이 지금도 가슴을 떨리게 하고 아름다운 추억으로 나를 빠져들게 합니다.

학교연구를 추진함에 있어도 늘 정열을 다한 것 같습니다. 노암초등학교의 해양탐구교육과 새교육과정 연구에서 탐구학습방법의 수업은 잊을 수 없는 수업방법이었다. 사회과와 국어과를 통해 사전에 조사 과제를 내어주면 아이들이 개인별 또는 조별로 조사해오고 이를 바탕으로 수업시간에 조별로 토의하고 이것을 종합하여 발표하고 그 발표한 내용을 중심으로 학습을 정리해 주는 수업으로 학생들이 주도적으로 학습하고 교사가 정리해 주면서 보완하므로 학습효과를 올릴 수 있었습니다. 또 강릉초등학교에서는 체육과 승

부학습을 통한 체력 향상과제를 수행함에 있어 그 과정을 녹화하여 이를 편집하여 최초로 비디오 동영상으로 연구의 전 과정을 보고함으로 획기적인 연구보고회를 하여 교육계를 깜짝 놀라게 한 것도 오래토록 기억에 남으며, 학교연구가 항상 성공적이라는 성과중심의 보고가 아니라 연구도 실패한다는 결과보고서를 내어 놓고 많은 꾸중을 들었지만 연구의 성과를 위해 형식적인 연구를 해서는 안 되고 일부 연구자들의 중심으로 만들어지는 학교연구가 되어서는 안 된다는 경종을 울린 적도 있어 많은 연구사님들과 교육계 원로님들로부터 격려를 받은 적도 있었습니다.

또 학교 숲을 만들어 아름다운 숲 속에서 생태학습을 통한 자연과의 대화 속에서 환경교육을 하여 전국최고의 학교 숲으로 선정되어 방송으로 나가고 학교가 강원환경 대상을 수상하는 영광을 누렸을 때는 함께 한 선생님들과 큰 보람과 영광을 누린 것, 해양탐구교육을 하면서 교육방송을 통해 전국에 해양탐구학습의 방법과 해양기능 교육에 혼신을 다했던 일은 아름다운 교육자의 추억으로 남아 있습니다.

이런 활동의 틈틈이 가족과 함께 여행을 하고 1980년대에 가족티를 해 입고 온 가족이 똑같은 티셔츠를 입고 바닷가로, 산으로 여행을 하면서 꿈을 키우고 사랑을 나눈 일은 지금 생각하면 참으로 행복했던 시간이었습니다. 그래도 학교일과 해양소년단 일로 일요일 없이 바쁘게 활동하면서 좀 더 가족과 함께 생활하지 못한 일들이 특히, 교직에 있으면서 아이들의 입학식과 졸업식에 한 번도 같이 하지 못해 아버지로서 너무나 미안한 마음이 아직도 남아 있습니다. 딸의 대학 졸업식과 아들의 사관학교 졸업식에 참석하여 축하해 준 것이 고작이지만 참으로 다행이었다고 생각합니다. 늘 아이들이 스스로 공부하고 알아서 자신들의 진로를 결정하여 주어 아버지로서는 그저 조언을 해주는 정도 밖에 할 수 없어서 지금도 늘 딸과 아들을 만나면 미안하기 짝이 없지만 너무나 대견하고 감사할 뿐입니다.

이제 삶의 종착역으로 달려가면서 삶과 죽음을 공부하고 아름다운 삶을 마무리하는 웰다잉을 강의하며 우리 사회의 삶의 질과 죽음의 질을 향상 시키고자 하는 노력에 일조 할 수 있는 내 마지막 봉사가 된다는 자부심에 요즘의 생활이 참으로 행복한 시간을 보낼 수 있다는 데 감사하고 있습니다.

내가 죽음에 당면해 보면서, 그리고 내 가족과 이웃의 죽음을 보면서 이 사회의 죽음이 쓰레기 처리처럼, 패스트푸드 문화처럼 죽음이 처리되고 있는 우리의 문화가 너무나 안타깝고 한심해 보입니다.

옛날에는 임종을 맞이할 부모가 있으면 정승의 자리에서 물러나 부모님을 모시러간다고 하면 임금도 말리지 않고 허락하여 부모님의 임종을 보도록 했다는 아름답고 존엄한 죽음의 문화가 있었고, 또 장례의식도 축제로 이승에서 저승으로 가는 데 영혼이 아름다운 여행을 하도록 하였습니다. 그러나 오늘날에는 죽음을 병원에서 혼자 쓸쓸히 맞이하고 죽은 뒤 쓰레기 처리하듯 시체처리에 급급한 장례문화로 전락하였고 또 장례가 허례허식에 치우쳐 인간다운 존엄한 죽음을 볼 수 없는 사회문화가 되어버렸습니다.

나는 죽음을 가족의 품에서 아름답고 존엄한 이별을 하고 싶습니다. 그래서 내 가족이 되어 주어 고마웠고 내 아들 딸이 되어 주어 행복하였다고 이별의 인사를 마음껏 나누고 "잘 있으라!"고 하고 이별하는 아름다운 마무리를 하고 싶습니다. 아마 누구나 이런 죽음을 맞이하고 싶을 것입니다. 우리가 우리의 삶에 충실하고 내 가족과 내 일에 우선순위를 두고 살았다면 인생의 마지막 순간도 가족과 함께 아름다운 이별을 할 수 있을 것이라 생각합니다. 그것이야 말로 우리의 삶의 질을 높여주고, 죽음의 질을 높이는 아름다운 삶이 아닐까 생각합니다.

7. 당신의 삶은 불행하거나 우울 했는가?

나의 삶은 불행하거나 우울한 적은 없었습니다. 그러나 가끔은 짜증도 났고 화도 났습니다. 왜 나는 지금 이 순간에? 이 허망하고 답을 얻을 수 없는 고민에 빠져 한심할 정도로 골똘하게 몰두한 적도 많았고, 흑백 논리에 빠져 한쪽으로만 보았던 적도 많았습니다.

6.25라는 전쟁의 참혹한 결과는 오늘 날까지도 우리 국민들의 가슴에서 지워지지 않는 상처로 남아 있어 아직도 그때의 문제로 가슴을 쥐어짜는 일들이 가끔 언론에 보도되고, 그 이념으로 나누어진 동족의 아픈 상처가 나에게도 남아있습니다.

어린 시절 상이용사들이 어머니가 운영하는 가게에 나타나 쇠갈고리 손으로 행패를 부릴 때 형과 나는 부엌에서 연탄집게를 들고 나와 "당신들은 목숨이라도 건졌지만 우리 아버지와 삼촌은 전장에서 돌아오지도 못했다." 면서 대들어 때렸던 기억이 아직도 생생합니다. 그런 일이 있은 후로 상이용사들이 우리 가게에는 행패를 부리지 않았습니다. 초등학교에 다니면서 아버지 없는 아이들이라고 놀림도 받았지만 별로 개의치는 않고 친구들과 잘 어울리며 성장하였습니다. 어머니를 따라 5일장을 다니면서도 나는 늘 즐거워했던 것 같았습니다.

무연탄으로 가는 증기기관차를 타고 도계장을 보고 다시 우리나라의 유일한 스위치백이 있는 나한정역에서 심포역까지 가서 통리고개를 짐을 지고 먼저 올라가 수건을 던져 자리를 잡으면 어머니와 친구 분들이 도착해 자리에 앉을 수 있게 했습니다. 그렇게 철암과 장성에서 장을 보고 나면 야간열차를 타고 춘양 장에서 장을 보고 다음날 영주 장으로 갔습니다. 그렇게 5일간을 돌고나서 영주에서 밤 12시에 다시 청량리에서 묵호로 가는 열차를 타면 아침 8시에 북평역에 도착합니다. 그때는 아직 강릉까지 기차가 다니지 않았습니다.

이때 어머니는 미역장사를 하셨는데 미역을 많이 사서 팔면 돈을 많이 벌수 있다는 생각에 큰 트럭으로 한 차를 사서 외가댁 마루에 쌓아 놓고 팔았습니다. 어머니의 미역장사는 이름 그대로 미끄럼을 타서 결국 미역장수가 되고 말았습니다. 투자금도 못 건지게 되어 미역을 가지고 영주까지 다니시면서 소매를 하였고, 또 가을철이 되면 잡화를 가지고 미로와 상정으로 산골마을을 찾아다니며 물물교환을 하였습니다. 생활용품과 겨울 내복을 가지고 다니며 가을철 산골마을에서 농사를 지어 수확한 고추, 참깨, 잡곡들을 물건과 바꾸어 오면 다시 시장에서 팔아서 이문을 더 내는 방법의 장사였습니다.

증기기관차가 다니던 시절이라 굴에 들어가면 매캐한 무연탄 연기가 객실로 들어와 모두들 콜록거리게 되어 미리 물수건을 준비했다가 입을 틀어막곤 했습니다. 그 시절 삶이 바쁘게 움직였기에 나는 그것이 당연한 것이고 또 어머니를 따라 장으로 가는 것이 참 재미있었습니다. 열차를 타고 따라다니면 아주머니들이 먹을 것을 챙겨주고 통리 재를 먼저 올라가 자리를 잡아드리면 가끔은 용돈도 집어주셨습니다. 아마 나는 그런 것이 좋았던 것 같았습니다. 가게에 가만히 앉아서 장사를 해도 되는데 어머니는 산골로 그리고 여러 곳으로 장을 보러 다니시며 남보다 더 많은 이문을 얻기 위해 모험을 하시던 그 모습이 나에게 영향을 많이 주신 것 같습니다. 아직도 어떤 일이든 겁 없이 추진하는 버릇이 남아 있는 것을 보면 그 때 어머니를 따라 다니며 몸으로 익힌 것이 아닌가 싶습니다.

환경이 어렵고 힘들다고 주저앉는 일은 없었습니다. 포기하지 않는 근성과 도전적 생각은 아마 내 어머니의 모습에서 배운 것이 아닌가 싶으며 그런 어머니가 문득문득 생각이 납니다.

8. 무엇이 가장 그리울까?

내가 죽고 나면 아마 당신이 가장 그립고 보고 싶을 것입니다. 어쨌든 나는 죽음으로 한 발씩 다가가고 있고 우리의 이별은 억지로 막을 수는 없는 것 당신과 나는 운명적으로 만났습니다.

내가 양구초등학교에 근무하고 있었는데 내 스스로 희망도 하지 않았는데 강릉으로 발령이 났습니다. 그때 강릉시가 처음으로 도농통합 교육청이 되었는데 도교육청에서 통합시군이지만 분명 나는 시동으로 발령을 냈는데 강릉시 교육청에서 나를 군지역, 그것도 남양초등학교로 발령을 내에 내가 남양초등학교에 근무하게 되었습니다. 그리고 잘 못난 발령 때문에 그해 봄에 인사담당 장학사로 발령이 난 k장학사님이 본인이 원하면 다시 강릉 시동으로 발령을 내어 주겠다고 하였습니다.

만약 그렇게 되면 다른 사람이 다치게 되므로 나는 그냥 남양초등학교에 근무하겠다는 동의서를 써 주었습니다. 그것으로 인사발령의 잘못을 덮고 나는 남양초등학교에 근무하게 되었고 그해 겨울, 당신을 만나 우린 결혼을 하였습니다.

이것이 우리의 운명적 만남이 아닌가 싶습니다. 하늘은 우리의 만남을 계획하였고 당신과 나는 필연적으로 만나도록 스케줄을 짜 놓았기 때문에 희망도 하지 않고 있는 내가 강릉으로 발령이 났고, 또 시동으로 나야할 나를 인사담당자의 잘못으로 군지역인 남양, 당신 옆으로 발령을 내어 나와 당신의 만남을 이루게 한 것입니다.

이런 필연의 만남으로 우린 두 자녀를 얻었고, 그 아이들은 스스로 잘 자라 주어 우리를 행복하게 해 주었습니다. 그리고 내가 어려운 일, 고통스러움을 맞았을 때 마다 당신은 나에게 이렇게 말해 주었지. "당신이 하고 싶은 일을 하라"고 내가 교직에 몸을 담고 있으면서 해양소년단을 하는 동안 많은 사람들로부터 시기와 모함을 받아 어려움을 겪는 동안 당신의 이 한마디는 나를 일어설 수 있게 했고, 아버지를 믿음으로 대해준 당신과 아이들의 힘에 내가 교직 41년을 잘 마칠 수 있는 원동력이 되었기에 나는 늘 감사하고 고맙게 생각하고 있습니다.

"무엇이 제일 그리울 것 같은가?"라는 질문에 짧게 답하자면 45년 아니 앞으로 50년, 60년이 될지 모르지만 삶의 모두를 같이 한 당신과 아이들의 얼굴이 될 것입니다. 그리고 더 길게 말하면 이 세상의 모든 것들일 것 같습니다. 바람과 태양, 비와 눈, 꽃과 새, 그리고 나를 있게 한 부모님과 나의 삶을 함께 지켜보고 격려해준 스승님들과 나에게 고통을 안겨주어 나를 일어설 수 있는 오기와 용기를 준 사람들, 그런 고통 속에서 일어나는 나에게 격려와 용기를 북돋아 준 많은 친구와 선후배들이 그리울 것입니다. 그리고 내 아이들에게 행운이 따를지 옆에서 지켜보지 못하고 죽게 된다면 더욱 아쉬움과 그리움이 남을 것 같습니다.

우리의 삶에서 부모의 입장은 모두 같을 것입니다. 바람이 부나, 비가 오나 자식을 걱정하고 사랑하지 않는 사람은 없을 것입니다. 그러나 그 사랑이 도리어 자식들에게 상처를 주는 경우가 참 많은 것을 보았습니다.

아이들의 입장에서는 그것이 간섭이고 잔소리로 들리며 자신을 믿어주지 않고 형제간에 차별하는 것으로 들리기 때문일 것입니다. 부모의 입장에서 보면 어느 손가락하나 아픈 손가락이 아닌 것이 없지만 아이들의 입장에서 보면 그것이 차별로 받아들일 수밖에 없는 것입니다. 특히 한국 사회의 가부장적 환경에서는 딸들은 늘 아들과 차별을 받는 기분이 많이 들것입니다.

우리가 자라던 어린 시절에는 아들도 맏아들과의 차별이 대단했습니다. 집안에서 맏아들은 공부를 시키지만 둘째, 셋째가 있으면 모두 가사를 돕고 한 사람만 잘되면 모두가 잘 살 수 있다는 개념으로 맏아들만 공부를 시켰습니다. 그래서 맏아들은 대학을 진학시켜도 그 외의 자식들은 초등학교를 겨우 나온 사람들이 참으로 많았습니다. 그래서 집안의 어려운 살림을 돕기 위해 서울로, 도시로 나아가 공돌이, 공순이가 되어 모든 봉급을 아껴 집으로 보내던 시절입니다. 그래서 오늘날 늦깍이 학생들이 특히 여자가 더 많은 이유인 것입니다. 그런 영향으로 우리 세대의 삶은 모두가 맏아들 중심, 그리고 아들 중심의 사고가 깊이 남아 있어, 우리의 자식들도 음으로 양으로 아들과 딸의 차별을 느끼며 살았는지도 모릅니다.

나는 맏이가 딸이고 둘째가 아들입니다. 그것도 딸과 아들의 나이 차이가 5년이나 되어 누나가 동생을 잘 돌보아 줄 수 있어 두 남매가 참으로 우애 있고 또 누나인 딸이 동생을 잘 이끌어 주어 참으로 고맙게 생각합니다. 남자들처럼 리더십이 있고 생각의 폭이 넓으며 항상 자신의 일을 스스로 처리하고 적극적인 삶을 살아가며 가정의 대소사를 다른 집의 맏아들 이상으로 잘 리드해 가서 항상 든든하여 우리 부부는 딸에게 많은 의논을 하고 딸은 또 우리 부부에게 많은 조언을 하였습니다. 그래서 항상 맏아들이라고 생각할 정도로 나이 들면서는 딸에게 더 의지하게 되었습니다. 물론 아들은 직업이 군인이라 한 곳에 머물러 있지 못하고 나라의 국방을 위해 몸을 바치기로 한 아이라 나는 늘 나라에 바친 아들이라고 생각하고 있기에 더욱 그러한지 모르겠습니다. 어찌되었든 아들과 딸은 아마도 받아들이는 차이가 있는 것 같아 지금도 딸에게 미안하기 짝이 없습니다.

어려서 딸에게 몹시 엄하게 하기도 했고 '지금 네가 살고 있는 집은 아버지와 엄마의 것이니 이다음에 너는 커서 네가 돈을 벌어 너의 것을 모아야 한다.'고 했습니다. 아마 이런 말들이 딸의 가슴에 상처로 남아 있을지도 모르고 또 유산을 아들에게만 준다는 생각이 들어 있었는지 자라면서 늘 '동생은 좋겠다.'는 말을 하는 것을 들었을 때 가슴이 먹먹한 적이 많았습니다. 또 어른이 되어서도 아들 중심으로 산다는 말과 며느리를 맞고 나서도 "며느리는 좋겠다."는 말을 들을 때 마다 나의 가슴에서는 딸에게 상처를 준 나의 무의식적인 행동이 있어서 너무나도 가슴이 아프고 늘 미안함을 갖고 있습니다.

딸의 마음이 풀렸으면 합니다. 물론 딸은 나에게 그런 내색은 하지 않지만 가끔은 뼈아픈 소리로 툭툭 던지는 말에는 딸의 진심이 묻어나는 것 같아 미안하고 또 미안합니다. 아들처럼 우리 부부를 챙기며 동생 가족을 이끌어주는 딸의 모습도 그리울 것입니다.

군인의 길을 선택한 아들도 늠름하여 마음이 든든하지만 항상 불안한 마음은 금할 수 없습니다. 나라가 보안 문제로 떠들썩해지면 우리 부부는 말은 하지 않지만 불안한 마음은 어쩔 수 없는 것 같습니다. 그런 날이면 뒷산 성황당에서 기도하는 시간이 길어지는 것을 보면 아마 나나 아내의 마음은 같은 것 같습니다.

때때로 아들과 며느리가 손녀와 손자를 데리고 와 함께 추억을 만들라고 하는 모습을 볼 때마다 내가 나이 들어 있음을 느낍니다. 손주들의 재롱에 빠져있는 내가 참으로 행복한 시간인 것을 느낍니다. 이런 기억들이 죽음을 맞이할 때 가장 그리운 것들일 것입니다.

죽는 것이 아쉽지만 내가 지금까지 겪은 일들이 힘들고 어려웠지만 지나놓고 보면 그것이 아름답고 보람이었고 기꺼워 할 것입니다. 영혼을 아름답게 만드는 이 아름다운 기억을 그리워 할 것이 분명합니다.

9. 당신은 어떤 사람으로 기억되고 싶은가?

나는 내가 쓴 글로 기억되고 싶습니다. 만일 내가 자신의 이야기를 하지 않으면 다른 사람이 나의 이야기를 할 것입니다. 기억이라는 것은 사람마다 서로 다르고 그 어떤 것도 사실인지 진실인지 알 수 없을 수도 있습니다. 이는 내가 나의 지난날들을 회상하고 기억해 내는 것조차도 구멍이 숭숭 뚫어진 기억이 시간이 지날수록 더욱 변색해 갈 것이기 때문입니다.

내가 늘 하던 작업이라면 그 기억들은 특정한 이야기에 끼워 넣기를 통하여 주제에 맞게 변형시켰을 것입니다. 이것이 허구가 만들어지는 과정입니다. 그 과정에서 실제 소설적 버전의 기억 즉 허구적으로 변형된 기억들이 더 진실해서 좋아하게 됩니다. 물론 철저하게 자신의 만족에 도취되어 더욱 매혹적으로 되어 헤어 나오기 힘들지도 모르기 때문입니다.

우리가 기억하는 모든 것은 축복입니다. 어릴 때 나는 외가에서 많이 자랐습니다. 초등학교 3학년부터 외가에서 외할머니와 외할아버지의 사랑을 받으며 생활했습니다. 외할아버지는 한약방을 운영하셨는데 한학을 하셔서 향교의 장의를 하시면서 늘 한학을 하시는 친구 분들이 오셔서 한시를 짓고 이를 읊으시기도 하셨습니다.

나는 어려서 뜻을 잘 알 수는 없었지만 한시를 지을 때는 평성, 장성이니 하시면서 글짓기를 하셨습니다. 그리고 할아버지와 함께 잠을 자다보면 새벽 4시경이면 일어나셔서 사서삼경과, 18사략 그리고 사마천의 사기 등을 소리 내어 읽으셨습니다. 그리고 겨울엔

창문을 모두 열어 놓고 읽으셨기 때문에 나는 추워서 더 이상 잘 수가 없어 잠에서 깨어나면 마당 한 가운데 있는 우물로 데리고 가 찬물로 세수를 시켜서 들어왔습니다. 그리고는 국한문으로 혼용되어 있는 〈삼국지연의〉와 〈수호지〉를 펴놓고 읽으라고 하셨습니다.

초등학교 3학년이면 이 시간에 잠에 취해 있을 시간이지만 이렇게 일어나기를 계속하다보니 나도 새벽 시간에 일어나는 것이 버릇이 되어 버려 오늘날까지도 새벽에 일어나는 것이 습관이 되어 학생시절 공부하는 데 참 많은 도움이 되었습니다. 뿐만 아니라 국한문혼용인 소설책을 읽다가 보니 자연 한문에 대한 지식도 제법 쌓이게 되었던 것 같습니다.

또 외할머니는 참으로 자상하셔서 늘 저녁이면 군것질을 할 수 있도록 여러 가지 먹거리를 만들어 내 오셨습니다. 물론 할아버지를 위한 것이라고 하지만 사실 할아버지는 군것질을 잘 하시지 않으셔서 결국은 나 혼자 먹게 된다는 사실을 잘 알고 계셨습니다. 여름이면 참외, 겨울이면 곶감이나 엿에 묻힌 강정 등등을 내다 주셨습니다.

내가 고등학교를 다른 곳으로 가서 다녔는데 방학 때 집에 내려오면 찰떡을 하여 골메미를 시켜주셨습니다. 또 방학이 끝나고 돌아갈 때는 이미 할아버지로부터 받은 용돈이 있음을 아시면서도 할아버지 몰래 따로 곳간으로 불러 할머니는 속곳 깊은 주머니에서 돌돌 말은 지폐를 꺼내어 배 골지 말라시며 내 손에 꼭 쥐어주시곤 하셨습니다.

나는 외할아버지께서 늘 노래하시던 한시들이 항상 가슴 속에서 요동치고 있었는지 모릅니다. 그 새벽 창창한 목소리로 한시를 낭독하시던 그 모습을 기억하고 몸이 읽고 있었던 같습니다. 그래서 고등학교 시절부터 글쓰기에 대한 내 욕망이 불꽃으로 피어올랐는지 모릅니다. 내 외할아버지의 그런 모습 때문에 내가 늙어서 외할아버지의 모습을 그대로 닮아가는 것이 아닌가 싶습니다. 새벽이면 책을 보고 해가 뜨면 일찍 논밭을 돌아보시던 외할아버지를 그대로 실천하고 있는 나를 바라보며 외할아버지는 당신 자신이 이렇게 기억된다는 사실을 알면 아마 무척 기뻐하실 것입니다.

죽음을 앞으로 끌어내어 놓고 가만히 살펴보면 살아있는 동안 내 삶을 어찌해야 할지 지금 이 순간 어떻게 살아야 할지가 보이지만 자신은 죽을 것 같지 않게 느끼기 때문에 우리는 그 순간을 망각하고 사는 것 같습니다. 그렇지만 먼저 간 가족들을 돌아보며 자신의 모습을 그 위에 올려놓고 본다면 결코 죽음을 맞아 자신을 기억해줄 사람, 자신의 모습을 기억해 줄 사람의 눈에 어떻게 비쳐질까가 궁금해질 수밖에 없습니다.

그렇다면 나 자신은 어떻게 기억 되어지고 싶은지를 지금 바로 자신의 상위에 올려놓고 살펴보아야 할 것입니다. 그냥 그렇게 살다가 간 사람인지, 어떤 의미를 가지고 무엇을 남겨 놓았는지? 내가 남겨준 것이 재산인지? 정신인지? 가치인지? 스스로에게 질문을 던져 볼 시간을 가져볼 필요가 있을 것입니다.

나는 내가 쓴 글로 남고 싶습니다. 왜냐하면 그 글속에 나의 마음이 그대로 실려 있기 때문입니다. 사랑하는 사람들에 대한 나의 마음이 담겨있기 때문입니다. 그리고 내가 하지 않으면 남이 내 이야기를 잘 할 수 없기 때문입니다.

10. 나는 어떤 죽음을 맞이하고 싶은가?

이런 질문을 받으면 다음과 같은 질문이 떠오르게 됩니다.

먼저 모든 인간관계와 유산을 정리하고 준비된 죽음을 맞이할 것인가?

그렇다 내가 죽을 때 나는 나와의 인연을 맺었던 많은 사람들과 자연스러운 이별을 할 수 있도록 준비하고 싶습니다. 그래서 죽기 전에 나와의 인간관계를 맺었던 사람들에게 그들과의 관계에서 이루어진 사항들 중에서 내가 은혜를 입었던 사람들을 찾아가 그간에 은혜를 입었던 이야기와 감사의 인사를 나누고 싶습니다. 특히 내가 매우 힘들었을 때 나에게 위로와 용기를 주었던 사람들에게 그러합니다. 그러나 대개의 분들이 모두 이미 세상을 떠나시고 안 계십니다.

또 하나는 용서입니다. 용서는 두 가지가 있습니다. 첫째는 내가 용서를 빌어야 할 일과 내가 용서를 해야 할 일입니다. 먼저 내가 용서를 빌어야 할 사람은 없는가? 가만히 생각해보면 교직생활을 하며 제자들에게 혹여 차별하지는 않았는지? 나의 무심한 행동으로 상처받은 아이들은 없는지? 만약 내가 던진 말로 인해 상처를 받은 사람이 있다면 나를 용서해 주길 바랍니다.

왜냐하면 그 사실을 기억하고 오래도록 간직하고 있으면 그것은 분노가 됩니다. 분노는 다른 사람에게 가는 것이 아니라 자신에게로 돌아오기 때문입니다. 그런 일을 생각하면 자꾸만 내 스스로가

답답해지고 힘이 들게 되며 마음의 병이되고 스트레스가 됩니다. 나만 아프게 되기 때문입니다. 그래서 나를 용서해주길 바란다. 그런 일을 당한 사람들에게 진심으로 용서를 비는 바입니다.

다음은 내가 용서를 해야 할 사람들입니다. 내가 진심으로 그들을 위해 애쓰고 도와주고 배려해 주었으며 많은 도움을 주었음에도 나를 배신하거나 나에게 위해를 하여 나의 가슴을 아프게 하고 큰 상심을 받게 한 사람들에 대한 일입니다. 나는 그들의 어리석음과 영혼이 병들게 됨에 불쌍하게 생각하고 모든 것을 내가 불비하여 이루어진 일이며 나의 복이 나에게 주어진 운명으로 생각하고 오래 전에 잊어버렸습니다. 그리고 그분들을 나는 용서하고 싶습니다. 아니 용서는 나 혼자 하는 것이므로 빨리 잊어버림으로써 마음이 가벼워지고 내 삶이 윤택하게 되는 것입니다. 그렇게 용서를 하고 나면 내가 살아가는 모습이 당당해지고 내가 하는 모든 일이 새롭게만 느껴지며 또 그런 사람들이 있었기에 내가 그런 일을 다시는 당하지 않기 위해 노력하게 되고 그런 가르침을 준 그들에게 새로운 기회를 얻게 하는 용기와 지혜를 줌에 감사하고 있습니다.

어찌 삶에서 아픔이 없겠습니까? 누구나 아픔을 하나씩은 다 가지고 있습니다. 그렇기에 아픔이 없는 사랑은 진정한 사랑으로 태어나지 않는 것입니다. 어머니가 아이를 낳기 위해 도명모험을 하는 것과 무엇이 다르겠습니까? 그런 아픔 속에서 태어난 자식이기에 어머니는 위대한 것이 아닙니까? 삶에서 아픔을 준 사람들은 내 삶의 스승들 입니다. 그렇게 한 사람들은 평생을 빚을 지고 살지만, 그런 일을 당한 사람은 독한 약을 먹고 잠시 취했다 다시 일어나는 용기와 지혜를 얻게 되기 때문입니다.

만남의 인연 중에서 부부와 자식관계로의 만남은 참으로 소중하고 특별한 인연이 아닐 수 없습니다. 그렇기 때문에 특히 부부와의 정리가 아름답게 마무리 되어야 할 것입니다. 부부로 만날 수 있는 것은 특별하고도 특별한 인연이므로 현생에서 만나 함께 살을 부비며 50년 또는 60년이 넘도록 함께 살아온 것은 참으로 행복하고 감사한 일입니다. 그렇기 때문에 함께 살면서 잘못한 일 잘 한일 모두가 당신이 있었기에 행복했고 또 아이들을 낳아줘서 감사했고, 아이들을 사랑으로 길러줘서 고마웠다고 마지막 인사를 하고 떠나고 싶습니다. 뿐만 아니라 내 아이들에게도 내 아들딸이 되어주어 고맙고 너희들을 만나서 행복했으며 자라면서 자신의 앞길을 늘 스스로 결정하고 책임지고 진로를 스스로 선택해 밝은 길을 가고 있어 너무너무 감사하고 고맙다고 말해주고 싶습니다.

딸에게는 미안한 일이 참으로 많은 것 같습니다. 어린 시절 엄마 약을 망가뜨려 창고에 가두고 혼을 낸 일은 지금 생각해보면 참으로 어리석은 짓이었고 미안하기 짝이 없습니다. '용서를 바란다.' 또 대학을 진학 할 때도 영문과를 가려고 한 것을 교육대학으로 추천한 일 등등이 늘 미안하게 생각합니다. 그래도 늘 딸의 든든하고 믿음직스러운 행동으로 우리 부부를 늘 행복한 웃음으로 이끌어 주어 나는 늘 감사하게 생각합니다. 그래서 너희들이 더욱 사랑스럽고 자랑스럽습니다.

또 우리에게 선물로 다가온 며느리, 우리 가족이 되어주어 감사했고 더욱이 맏딸과 아들을 차례로 낳아주어 고맙고, 감사하며 늘 웃는 얼굴로 '내 아이는 내 손으로 키워야 한다.'는 생각으로 직장을 내어놓고 아이들 양육에 혼신을 다하는 모습에 정말로 놀랍고 고맙고 감사합니다. 손녀와 손자에게도 나의 손녀 손자가 되어주어 감사하고 우리 부부를 행복하게 해주어 고맙다고 인사를 나누고 떠나고 싶습니다.

이런 것은 바로 장례문화 중 임종문화가 제대로 되어야 하며 건강한 삶으로 아름다운 임종이 되도록 비는 마음으로 살아가고 있습니다.

다음은 유산입니다. 유산의 정리는 딸과 아들에게 고르게 넘겨주고 싶습니다. 작은 유산이라도 죽은 뒤의 처리를 자식들에게 넘기지 말고 평소에 잘 정리 해 두는 것이 좋습니다. 명확하게 정리하되 살아있을 때 항상 정확하게 이야기하고 이를 서류에 적어 문서화 해두는 것이 좋습니다. 작은 유산을 가지고 자식들 간에 이간을 하게 되고 불화를 일으키게 되므로 재산은 명확하게 살아서 내 손으로 정리해 두어야한다는 의지를 확고히 하고 있습니다.

11. 영혼을 성장시키려면

우리는 살면서 우리의 영혼을 깨끗하고 빛나게 성장시켜가야 합니다. 어린이의 영혼은 맑기 때문에 항상 해맑은 미소와 웃음이 떠날 줄 모르고 행동에 거침이 없습니다. 그러나 어린이가 자라면서 사춘기를 지나면 웃음의 수가 줄어들기 시작하고 차츰 영혼에 병이 들기 시작하면서 짜증과 미워하는 마음이 생겨나게 되고 욕심이 생겨 마음에 병이 들게 되는 데 이것이 영혼을 병들게 하는 것입니다.

첫째, 영혼은 자유상태 자발성의 상태가 되도록 하는 것이 중요합니다. 우리가 어린이를 병들게 하는 것은 간섭 즉 억제와 통제, 그리고 강요와 강압으로 구속하기 때문입니다. 어떤 일을 하는데 좋아서하는 일은 신명이 나지만 시키거나 하기 싫은 일을 하게 되면 짜증이 나고 그 일을 성심을 다해 하기 보다는 시간을 때고 적당히 하려고 합니다. 그러면 그 일의 효과가 저하되고 성과를 거둘 수 없다. 비록 성과를 거두었다하여도 최선의 성과가 아닌 것이 됩니다.

어린이를 키우면서 꼭 해야 하는 것이 우리 사회에서는 공부입니다. 그런데 어머니들의 욕심이 아이들의 영혼을 병들게 하고 있습니다. 한참 뛰놀고 창의성을 길러야 할 시기에 여러 개의 학원을 전전하다가 늦은 시간에 집으로 돌아오고 밥숟가락을 놓기 무섭게 다시 책상머리에 앉도록 하는 현실이 참으로 안타깝습니다.

오늘날 사회의 질서가 잡히지 않고 공중도덕이 무너지는 이유가 무엇입니까? 학교에서 배운 공중도덕을 학교 밖 생활에서 모두 무너뜨리고 있습니다. 또 놀이를 하지 않는 사회입니다. 놀이(遊)는 어린이의 성장에 매우 중요한 교육입니다. 여러 사람이 어울려서 하는 놀이는 공동사회의 규율을 자연스럽게 배우고 익히는 것입니다. 우리가 어린 시절 놀던 놀이를 지금은 모두 사라지고 놀이 방법도 모르는 현실입니다.

예를 들어 여자아이들은 마을의 공터에서 고무줄놀이를 하였습니다. 고무줄놀이는 나이에 관계가 없었습니다. 언니 동생들이 함께 어울려 하는 고무줄놀이에는 단계가 높을수록 고무줄의 높이가 높아갔습니다. 그러면 키가 작거나 나이가 어린아이는 고무줄을 걸기 힘이 들지만 어떻게 하여서든지 발을 올려 고무줄을 걸고 놀이를 계속하려고 합니다. 이 어린이가 높은 고무줄을 걸고 노래에 맞추어 놀이를 계속하기 위해 얼마나 많은 연습을 하고 높은 고무줄을 걸기 위한 방법을 연구하여 다양한 방법을 찾아내게 됩니다. 이것이 바로 창의력이며 응용력입니다. 고무줄놀이는 하나의 규약입니다. 고무줄을 걸지 못하거나 틀리면 누가 무어라 하지 않아도 밖으로 나갑니다. 거기에서 언니들과의 관계를 배우고 친구들과의 약속을, 규칙을 몸으로 읽고 익히기에 저절로 예절을 그리고 해야 할 도리를 몸으로 익혔던 것입니다. 그러나 오늘날 현실은 아이는 하나 아니면 둘 그리고 놀이를 할 수 없는 현실입니다.

공터는 자동차가 서있고 골목은 차량이 오가고 가정에서는 아이들을 놀 공간을 생각하지 않습니다. 아이가 친구들과 함께 집으로 오면 그 당시는 어쩔 수 없어 받아주지만 친구들이 돌아간 다음 무어라 합니까? '다음부터는 친구들을 데리고 오지 말라.'고 합니다.

아이들이 한바탕 놀고 간 자리는 어지럽기 마련입니다. 청소하기 힘들다고 다시는 아이들을 데려오지 말고 친구 집에 가서 놀라고 이야기 하지 않는가요? 그러면 그다음부터 아이는 친구를 집으로 데려오지 못합니다. 뿐만 아니라 다른 집도 다 같은 생각이므로 아이는 또래와 어울리어 놀 생각을 하지 않게 되어 소통에 문제가 생기는 것입니다.

내가 어렸을 때는 마을의 친구들이 어울려 함께 놀았는데 한 친구의 집에 가면 친구 어머니가 감자전을 붙여주고 먹을 것을 수시로 내주어 많은 친구들이 늘 그 친구 집으로 모여들었습니다. 어떤 때는 밤늦게까지 놀면 밤참을 주시기도 했습니다. 그래서 그 친구는 우리의 우상이었습니다. 자라서 그 친구가 어려움에 처했을 때 친구들이 힘을 모아 준 일도 있고 또 그 친구는 늘 친구들 사이에서 리더 격으로 활동을 하였습니다.

내 아이의 기를 살리려면 가정에서 아이가 하고 싶은 대로 무분별하게 키우는 것이 아닙니다. 해야 할 일과 하지 말아야 할 일을 분명하게 해야 합니다. 이런 일은 부모의 노력도 중요하지만 바로 부모의 포용력이 더 중요합니다. 즉 아이들이 친구들과 어울릴 수 있도록 함께하는 공동체 활동을 할 수 있도록 하여 자유로운 영혼으로 만들어 주어야 합니다. 가정에서 숨통을 조이는 일들 즉 놀이가 없고 어울릴 수 없고, 통제와 억압 속에서 짜여 진 시간으로 아이들을 키운다면 아이들의 영혼은 병들게 되는 것입니다.

둘째, 영혼은 유능함, 만족감을 느끼도록 해야 합니다. 인간이 불행해지는 것은 열등감을 느낄 때다. “못생겼다, 매력 없다. 남자로 안 보인다.”, “너는 그따위 밖에 못하냐?” “너는 하는 일마다 왜 그 모양 그 꼴이니?” 라는 말을 듣게 되면 누구나 기가 죽고 불행함을 느끼게 됩니다. 우리가 생활 속에서 무심코 던지는 말이지만 아이들 상처를 받게 됩니다. 아니 누구나 같을 것입니다.

내가 교직생활을 하면서 제자들에게 미안한 생각을 하는 것이 바로 이점입니다. 한참 혈기 왕성한 시절 열심히 가르치기만 하면 된다는 생각에 따라오지 못하는 아이들을 구박한 일이 참으로 많은 것 같습니다. 그 때는 그것이 사랑이고 열정인 줄 알았습니다. 그러나 경력이 쌓이고 나이가 들면서 내 아이들을 키우면서 아! 이것이 아니구나 하는 사실을 깨닳은 뒤부터는 매우 관대해진 것 같습니다. 그러나 그 젊은 시절 제자들은 얼마나 많은 상처를 받았을까 하는 뉘우침에 그때의 제자를 만나면 무척 부끄럽고 미안하기 짝이 없습니다.

지금 생각하면 그들의 영혼에 병들게 한 내가 한스럽지만 이제는 그들에게 용서를 빌 수밖에 없다는 사실입니다. “제자들이여, 젊은 시절 무지한 행동으로 그대들의 영혼에 병들게 하여 미안하고 또 미안합니다. 부디 용서를 해주길 바랍니다.”

아이들이 할 수 있는 일을 바르게 가르쳐주고 스스로 할 수 있도록 용기를 북돋우며 가능성을 북돋워준다면 아이들은 스스로 자신을 긍정하고 용기를 잃지 않으며 유능한 사람으로 성장할 것입니다. 자신이 하는 일에 만족감을 느끼고 성취감을 맛보는 아이들은 늘 맑은 영혼을 간직하게 될 것입니다.

셋째, 영혼을 아름답게 하려면 사람들과 좋은 관계를 가져야 합니다.

좋은 인간관계에서 살아가는 에너지가 생기게 됩니다. 까칠하고, 사람들이 피하게 만드는 그 어떤 행위도 손해만 납니다. 당신이나 나나 그런 사람에게 다가서고 싶지 않는 것이 인지상정입니다.

달라이 라마는 말했습니다. "세상에는 일곱 종류의 사람이 있는데, 섬길 만하고 공경할 만하며 이 세상의 위없는 복 밭이 되는 사람들이다. 어떤 것이 일곱 종류의 사람인가? 첫째는 사랑하는 마음을 가진 이요, 둘째는 가엾이 여기는 마음을 가진 이며, 셋째는 기뻐하는 마음을 가진 이요, 넷째는 보호하는 마음을 가짐이요, 다섯째는 공(空)을 아는 이요, 여섯째는 잡생각이 없는 이며, 일곱째는 바라는 것이 없는 이다."

우리가 삶에서 사람을 만나고 이별하는 순리를 돌아보면 이 일곱 가지를 완벽하게 갖춘 사람을 만나기는 매우 어렵습니다. 그래서 우리는 몸으로 배우고 종교를 선택하고 또 스스로를 수양하며 마음을 비우고 배려하며 봉사하는 활동을 꾸준히 하고 있는 것입니다. 이것이 바로 마음 수양이며 삶을 윤택하게 하고자 하는 노력이 것입니다. 그러나 삶을 사는 것은 그렇게 녹녹하지는 않습니다.

우선, 사랑하는 마음을 갖는 것만 해도 그렇습니다. 이성간의 사랑, 부모자식간의 사랑, 제자와 스승간의 사랑, 형제간의 사랑, 그리고 인류애 등등으로 나누어집니다. 여기서 말하는 사랑은 바로 인류애를 말합니다. 「김수환」 추기경은 “사랑이 머리에서 가슴으로 오는 데 60년이 걸렸다.”라고 하셨습니다. 사랑은 머리로 하는 것이 아니라 가슴으로 하는 것입니다. 이것이 바로 영혼을 아름답게 하고 깨끗한 영혼으로 사랑하라는 것을 의미합니다.

다음은 가엾이 여기는 마음을 가지는 것입니다.

맹자의 불인인지심(不忍人之心)은 사람이 차마 하지 못하는 마음 혹은 사람을 차마 해치지 못하는 마음으로 해석이 됩니다. 이 마음이 바로 인(仁)이라 생각합니다. 지금 어린 아이가 우물로 기어가고 있는 것을 내가 보았다고 칩시다. 위험한 상황을 직감한 순간 아이부터 구하기 위해 달려가지 않을 수 없습니다. 이런 상황이라면 사람은 누구나 그렇게 할 것이라고 보고 불인인지심은 사람이라면 누구나 가지고 있다고 보았습니다.

불인인지심은 바로 사람을 불쌍하게 여길 줄 아는 마음인 측은지심이며 이 측은지심이 바로 인(仁)의 단서라고 봅니다. 수오지심은 부끄러워할 줄 아는 마음으로 의(義)의 단서가 됩니다. 사양지심은 사양할 줄 아는 마음이므로 예(禮)의 단서가 됩니다. 시비지심은 옳고 그름을 아는 마음으로 지(智)의 단서가 됩니다.

「법구경(法句經)」에 이르기를 “덕행을 이룬 현인은 높은 산의 눈처럼 멀리서도 빛나지만, 악덕을 일삼는 어리석은 자는 밤에 쏜 화살처럼 가까이에서도 보이지 않는다. 어리석은 자는 평생이 다하도록 현명한 사람과 함께 지내도 역시 현명한 사람의 진리는 깨닫지 못한다.”라고 하고 있습니다.

유가의 덕이나, 불가의 덕이 모두 공통적인 것은 사람의 삶에 가장 중요한 베품의 아름다움을 강조하는 것이 아닌가 싶습니다. 우리의 속담에도 "악한 끝은 있어도 선한 끝은 없다."고 했고 "남을 때린 사람은 발을 굽히고 자고 맞은 사람은 발을 펴고 잔다."고 했듯이 덕, 즉 베품은 사랑의 실천이 아닌가 싶습니다. 영혼의 성숙시키는 싹이고 뿌리가 사랑이 현현으로 나타나는 것이 바로 베품과 배려가 아닐까요?

스스로 행복할 줄 안다면 타인에게 많은 것을 바라지 않습니다. 우리는 조금 부끄러워도 먼저 질문하는 습관을 가져봅시다. 그러면 소중한 사람들의 진심을 매만질 수 있습니다. 하루 한 번씩만이라도 사이 즉 거리표, 거리를 두면 진심이 통하는 물꼬를 만들 수 있습니다. 우리는 상대를 위한다면서도 자기중심으로 사고하고 행동합니다. 그리고는 원하는 결과가 나오지 않는다고 섭섭해 합니다. 지구라는 정류장에서 잠시 머물며 시린 겨울과 같은 마음을 놓을 수 없는 이유는 무얼까요?

짧은 시간이라도 내 자신의 마음을 들여다보는 시간들이 쌓여가다 보면 자신을 만나게 되고 그러다 보면 작지만 소소한 행복과 밝음을 알게 될 것입니다. "삶의 품격?" 참 좋은 겁니다. 음악이 흐르고 산길에 발을 담그다보면 산의 속삭이는 바람에 이름 모를 꽃들이 신성한 마음을 깨우고 밝음 웃음을 던져줍니다. 그게 바로 더불어 행복해지는 "더행"이 아닐까요?

흔적

한 벌의 옷과 양말로
잠시
살다 가기 급급한 존재

소식이 난분분히 날리는
오늘 하루
무사히 겪어내고

지상에 감사하게도
찍은 내 두 발자국

12. 아름다움은 어디에 있을까?

아름다움은 사랑과 신의에 있습니다. 부드럽고 따뜻한 마음으로 이웃과 나누는 것이 사랑이고 아름다움입니다. 신의란, 내가 하는 말대로 살며 그 말에 책임을 지는 것을 말하는데 곧 언행일치를 의미합니다.

가슴이 멍들고 가시가 돋아도 자연은 늘 새롭게 피어납니다. 지난해 풍경과 올해의 풍경이 다르고 봄, 여름, 가을, 겨울이 각각 다르며 어제와 오늘이 또한 다릅니다.

과거의 늪에 빠지면 불행의 수렁을 만들게 되면 즉 묵은 수렁에 갇히게 되면 자신을 무가치하게 만들어 의미 없는 죽음으로 몰아갑니다. 따뜻하고 향기로운 우리의 본성을 찾으면 하루하루가 꽃처럼 향기로운 삶이 되는 것입니다.

소욕지족 소병소뇌(小欲知足 小病小惱)라는 말이 있습니다. 이는 "작은 것으로 넉넉할 줄 알며 적게 앓고 적게 걱정하라."라는 뜻입니다. 즉 작은 것에 만족할 줄 알면 건강하다는 말입니다. 즉 맑은 가난입니다. 행복에 매달리지 말고 불행은 피하지 맙시다.

살아있는 자만이 누릴 수 있는 삶의 모습은 어떤 것일까요? 남에게 말하지 못할 사정도 한때이고 만약 살아 있지 못하다면 그 어떤 것도 받아들일 수 없다는 사실입니다. 주변에 꽃이 피면 가슴이 벅차오르고 꽃이 활짝 웃는 모습에 우주가 주는 가장 신비한 아름다움을 맛볼 수 있습니다. 대지에 꽃이 웃는 것 또한 내 삶의 모습으로 피어난다는 사실입니다. 그 꽃 속에서 내 삶의 모습이 드러남을 우리는 볼 수 있어야 합니다.

내가 가진 아름다움을 얼마나 피우고 있는지 돌아봅시다. 내가 가지고 있는 신비로움을 얼마나 열어 보여 주었는지? 내 삶의 모습이 꽃으로 피어나고 있는지를 살펴보아야 합니다.

세상의 아름다움을 바라 볼 수 있는 시간은 한 정되어 있는데 그 아름다움도 다 피우지 못하는데 증오하고 미운 생각으로 가득 찬 생활을 한다면 마음은 황량해 사막이 될 것입니다.

우리가 사랑한다는 명목으로 새의 날개를 꺾어 나의 곁에 두려 하지 말고 가슴에 작은 보금자리를 만들어 종일지친 날개를 쉬게 하여 다시 날아갈 힘을 만들어 주어야 합니다. 이것이 진정한 아름다움이 아닐까요.

마음이란

애초에 정해진 것이 없다.
세상만사가 드나들 수 있는 텅 빈 마당
밖에서 들어온 것들로 가득 찬 공간
조건에 따라 변화를 일으킬 수 있는 변덕꾸러기

13. 사색은 삶을 여유롭게 한다.

IT라는 편리한 정보의 바다에 빠진 우리들은 인터넷에서의 검색은 지혜로운 삶을 살아가는 데 걸림돌이 되고 있습니다. 오늘을 살아가는 가장 든든한 생존무기는 사색이며 세상을 변화시키는 원동력이라고 생각합니다.

우리 사회는 소통의 부재와 넘치는 독선과 독기가 가득 차 있고 또한 자신을 성찰해 보려고 하지 않는 시대라고 할 수 있습니다. "아프다.", "괴롭다." 말하는 이들이 위로 받기 이전에 먼저 자신의 삶을 냉철하게 돌아보아야 할 것입니다. 지금 나의 삶, 이제 남은 삶을 눈치 보면서 남의 흉내를 내고 있지 않는지? 굳어진 습관, 잘못된 삶의 형식에 얽매여 있지는 않는지 돌아볼 시간입니다. 우리는 이런 삶의 형식에서 과감하게 결별을 선언하는 것이 우선이라고 생각합니다.

2500년 전 붓다는 왕자의 기득권을 벗어 던졌습니다. 그러면서 "나의 말도 의심하라."라고 가르치면서 "사유"하는 삶이 매우 중요함을 강조하였습니다.

머리를 감싸고 사전을 찾아가면서 쌓아놓은 지식들은 누가 언제 어디서 물어도 즉시 대답해줘 "걸어 다니는 백과사전"이라는 별명이 붙은 이들도 이제는 인터넷이라는 정보의 홍수 속에서 검색창으로 찾으면 되기에 뒷전으로 퇴색해지게 되었습니다. 이제는 생각할 필요가 없고, 머리를 싸매고 공부할 필요도 없어, 인간은 점점 즉 흥적이고 즐거움의 쾌락에 빠져들어가고 있습니다. 그래서 옳고 그름의 분별력도 흑백논리에 빠져들어 지적 능력이나 지성과 지혜는 땅바닥으로 곤두박질쳐진 세상이 되어가고 있는 것 같습니다.

'세상에 징징대지 말자!'

자신을 돌아보라는 이야기는 저차원적 "가짜성찰"로 이어지고 있습니다. 인간은 결코 혼자 떨어질 수 없어 협력과 공동체를 형성하는 사회적으로 정치적으로 작용하면서 살아가는 동물입니다.

우리들은 물질문명 즉 물질의 개선과 창조라는 물결에 휩쓸려가고 있습니다. 물질문명을 비판하는 무아와 자기를 비판하는 무아, 둘 중 하나를 선택하고 그것을 추구하며 살아가는 끔직한 시간을 보내고 있는 것입니다.

자연 속에 있는 나무도 마음을 가지고 있듯 모두가 똑 같은 세상이 아닙니다. 나무는 언제 꽃을 피워야 하며 열매를 맺어야 하고 언제 어떻게 벌과 나비와 벌레들이 찾아오고 가야하는 지를 알고 있습니다. 자연은 스스로 조절하고 다스리는 능력을 지니고 있습니다. 일종의 지능적 작용을 하고 있는 것이지요. 우리는 이런 자연의 섭리를 이해하려고 하지도 않고 알려고 하지도 않습니다.

감각하는 존재 즉 동물과 식물의 소비에 대해 감사하는 마음으로 대한다면 삶의 문화가 출발점부터 달라질 것입니다. 일상에서 진정으로 모든 일에 집중하며 살아간다면 스스로를 기만하지 않는 방법을 자연에서 배워야 할 것입니다. 우리가 사는 세상에는 스승이 그리 많지 않은 것 같습니다.

노자는 도덕경에 "흔히 따를 수 있는 길은 진정한 길이 아니다."

라고 말하고 있습니다. 먼저 우리는 길을 걷는 것부터 배워야 합니다. 그런 다음에 우리가 그 길을 왜 가야하는지를 이끌어 줄 수 있는 것입니다.

자연에는 경쟁의 측면도 있지만 상호작용하는 공생적 측면도 있습니다. 인간은 다른 종을 도구로 이용하며 소멸시켜 왔듯 인간끼리 경쟁이라는 명목으로 억압을 당연히 받아드리도록 해 왔습니다. 그런 가운데 자기계발이라는 메시지는 지친 영혼들에게 매우 인기를 끌고 있습니다. 이런 방식은 자기 성찰의 일종이며 “가짜성찰” 입니다. 초점은 잘 맞추었으나 남을 욕하는데 너무 많은 시간을 소비하고 있습니다. 징징대지 말라는 것입니다. 징징댐은 차원이 낮은 것 입니다. 충분한 깊이가 있어야 합니다. “내가 없음을 보라!” 고 안내해야 합니다. 내가 나 홀로 존재할 수 없음을 볼 수 있어야 합니다.

동물과 곤충을 관찰해 보아도 알 수 있습니다. 새들이 아무런 가르침 없이도 바다를 건너고 대륙을 가로질러 같은 장소에 도착합니다. 온몸으로 감지하고, 마음은 생각하는 것이 아니라 많은 방식으로 움직이는 것입니다. 이는 봄에 피는 하얀 꽃도 복제되기 때문입니다.

죽음을 경험한다는 것은 엄청난 변화를 불러옵니다.

“무엇을 들었나?”, “무엇을 보았나?”, “어떤 꿈을 꾸었나?” 만약 이 질문에 대한 답이 시원치 않다면 다시 야생으로 돌려보내야 합니다. 고통은 자기만의 것이 아니기 때문입니다. 그렇습니다. 오늘은 고통 받기 좋은 날입니다. 지상에서 가볍게 살기를 원한다면 자신을 돌아보고 사색하는 습관 즉 자연과 함께 호흡하면서 야생의 지혜를 얻고 숲 속에서 천천히 사색하는 습관을 키워봅시다. 불안한 승자의 우울한 나머지 세상보다 경쟁에서 물러나 협동과 배려 공동체의 삶의 본질을 바라보는 사색의 시대를 여는 것만이 인간의 삶을 풍요롭고 여유롭게 할 것입니다.

우리의 아름다운 삶의 빛나는 꽃망울을 매달기 위해서

참고문헌

강찬균; 유영만. 버킷리스트. 한국경제신문사. 2014.
구미래; 존엄한 죽음의 문화사. 모시는 사람들. 2015
김경재; 죽음과 부활 그리고 영생. 청년사. 2015.
김재진; 사랑할 날이 얼마나 남았을까. 수오서재. 2014.
서규석 편저; 이집트 사자의 서. 문학동네. 2015.
안양규; 불교의 생사관과 죽음교육. 모시는 사람들. 2015.
오진탁; 마지막 선물. 세종서적. 2008.
-----; 삶 죽음에게 길을 묻다. 종이거울. 2010.
-----; 자살예방 해법은 있다. 교보문고. 2013.
-----; 죽음 어떻게 이해할 것인가. 한림대학교출판부. 2014.
윤영호; 나는 죽음을 이야기하는 의사입니다. 컬처그라퍼. 2014.
최진석; 생각하는 힘 노자 인문학. 위즈덤하우스. 2015.
-----; 너무 늦기 전에 들어야 할 죽음강의. 김영사. 2014.

데이비드 치데스트; 이창익 옮김. 구원과 자살. 청년사. 2015
디팩 쵸프라. 정경란 옮김; 죽음이후의 삶. 행복우물. 2014.
로저 콜. 주혜경 옮김; 사랑의 사명. 판미동. 2011.
셸리 케이건. 박세연 옮김; 죽음이란 무엇인가. 엘도라도. 2012
소걀 린포체. 오진탁 옮김; 티베트의 지혜. 민음사. 2015.
-----------. ; 죽음으로부터 배우는 삶의 지혜. 판미동. 2014.
에마누엘 스베덴보리. 김은경 옮김; 천국과 지옥. 디지리. 2015.
엘리자베스 퀴블러 로스 외 김소향 옮김; 상실수업. 인빅투스.2014.
엘리자베스 퀴블러 로스. 최준식 옮김; 사후생. 대화출판사. 2012.
올더 헉슬리. 조옥경 옮김; 영원의 철학. 김영사. 2016.
이븐 알렉산더. 이진 옮김; 나는 천국을 보았다 두 번째 이야기. 김영사. 2016.
칼 베커. 이원호 옮김; 죽음의 체험. 생각하는 백성. 2007.
코리 테일러. 김희주 옮김; 죽을 때 추억하는 것. 스토리유. 2018.
파드마 삼바바. 류시화 옮김; 티벳 사자의 서. 정신세계사. 2015.
페터 비에리. 문항심 옮김; 삶의 격. 은행나무. 2015.
하시다 스가코. 김정환 옮김; 나답게 살다 나답게 죽고 싶다. 21세기북스. 2018.

할아버지가 들려주는
마지막 이야기 1

초판 1쇄 인쇄일 2019년 4월 16일
초판 1쇄 발행일 2019년 4월 16일

지 은 이 : 홍 문 식
펴 낸 이 : 홍 명 수
편집디자인 : 장 지 혜

펴 낸 곳 : 성원인쇄문화사
출판등록 : 강릉2007-5
주 소 : 강원도 강릉시 성덕포남로 188
대표전화(033)652-6375 팩스(033)651-1228
이 메 일 : 6526375@naver.com
ISBN : 978-89-94907-70-3

이 도서는 국립중앙도서관 출판시 도서목록(CIP)은 서지정보유통지원시스템 홈페이지(http://seoji.nl.go.kr)와 국가자료목록시스템(http://www.nl.go.kr/kolisnet)에서 이용할 수 있습니다.